富山を拠点に発信力の高いユニーク企業15社

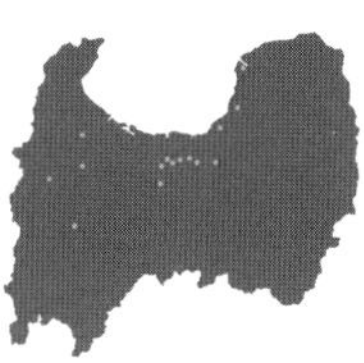

サクセスブック社 編

ダイヤモンド社

富山を拠点に発信力の高いユニーク企業15社［目次］

発刊に寄せて

標高３０００ｍ級の立山黒部の雄大で美しい山岳景観、一昨年「世界で最も美しい湾クラブ」への加盟が承認された、水深１０００ｍの蜃気楼が見られる〝不思議の海〟富山湾。その高低差４０００ｍのダイナミックな地形は、豊かで良質な水と安価な電力を生み、様々な産業の発展に広がった。

そして今では、日本海側屈指のものづくり県となっている。本書ではそのほんの一部の企業を紹介する。

このたび４期目をスタートさせた石井隆一富山県知事から、本書発刊に寄せて一文をいただいた。

富山県知事　石井隆一

石井隆一（いしい たかかず）
富山県知事。東京大学法学部卒。石川県、北九州市、静岡県などを経て、地方分権推進委員会次長、自治省財政審議官、総務省自治税務局長、消防庁長官などを歴任。04年より現職、現在４期目。03年から06年まで早稲田大学大学院客員教授。
趣味はジョギング、サイクリング、サッカー、読書、演劇・音楽鑑賞。座右の銘は「一隅を照らす」。

●北陸新幹線の開業

北陸新幹線が開業してから1年8か月がたちましたが、新幹線開業後1年間の本県への観光などの宿泊者数は、民間調査によると、開業前に比べて25・4%増で、伸び率は全国1位となっており、改めて企業立地や大型商業施設の進出も増えています。さらに、ものづくりや観光産業、農林水産業など多くの方々から、「販路開拓を含めビジネス面でのメリットが大きい」と喜んでいただいております。

こうした効果を一時的なものに終わらせず、いかに持続させ、そしてさらなる飛躍、発展につなげていくかが大切です。新幹線の開業効果と、数年来の働きかけで国の重要政策にしていただいた地方創生戦略の2つの追い風を最大限に活かし、県民の皆さんと力を合わせ、富山県の新しい未来を切り拓いてまいります。

H27.3 北陸新幹線開業

●日本海側屈指のものづくり県・富山

富山県は、医薬品などの化学、アルミなどの金属、機械工業を中心に先端技術を有する企業が集積しており、第2次産業の割合（就業人口、平成22年）が約33%で全国トップとなっています。また、富山県の製造品出荷額（平成26年）は約3・5兆円で北陸3県（約7・8兆円）の約45%（全国の約1・2％）を占めており、1人当たりの製造品出荷額は約３３０万円と全国平均の約２４０万円を大きく上回り、日本海側屈指のものづくり県となっています。

製造業の生産波及効果（生産が1単位発生した時に、他の産業への効果。平成23年）が2・11と、サービス業の1・61に比べて非常に大きいこともあって、1人当たりの製造品出荷額が多い県は、県民1人当たりの所得水準も高いという相関関係があるといわれています。そのためか、三大都市圏以外の地方県では、富山県は、1人当たり県民所得が実質トップです。

今後、富山県の経済を発展させていくためには、観光振興も重要ですが、産業の背骨ともいうべき製造業の新たな発展・飛躍を図ることが必要不可欠です。

このため、平成26年度に策定した、「ものづくり産業未来戦略」に基づき、富山県の強みであるライフサイエンスやアルミ素材、ナノテクなどのコア技術をさらに強化しながら、欧米先進国を中心に進行している第4次産業革命によるＩｏＴ、ＡＩ（人工知能）など、労働生産性を高め、新たな付加価値を創造する技術を活用し、航空機、次世代自動車、ロボット、環境・エネルギー、医薬品、特にバイオ医薬品、予防診断薬など新たな成長産業への参入に向けた取組みを強化することで、「八ヶ岳」状の多面的で高度な産業構造に転換していきたいと思っています。

その取組みのひとつとして、富山県では、平成28年7月に「ＩｏＴ活用ビジネス革新研究会」を設置しました。ＩｏＴでは、多くの航空会社の燃料コストの大幅削減を実現したＧＥの事例が世界的に有名です。本県では、県内企業からのヒアリング結果を踏まえ、ＩｏＴ導入に向けた初期段階や発展段階のモデル・事例の検討や、導入促進に向けて、県内企業が情報共有・意見交換を行う「仕組み（組織）」づくりの検討を積極的に進め、ＩｏＴの「富山型モデル」をつくり出したいと考えています。

●日本一の医薬品生産拠点を目指す

医薬品産業については、本県の生産金額は平成17年には２６３６億円（全国第8位）でしたが、その後、大阪府などを追い越して、平成26年には６１６３億円と過去最高額を更新し、都道府県別で全国第2位となりました。１位の県とは２５０億円あまりの差に縮小してきていますが、順位はともかく、できるだけ早期に1兆円産業になるよう努めてまいります。

そのためには、欧米先進国や、市場の拡大が続く新興国などの海外マーケットに向け、販路を拡大することが大切です。その一環として、平成21年に、世界の薬都といわれるスイスのバーゼル地域の2つの州と協定を結び、富山県とバーゼル地域の関係者による共同研究、委託・受託生産などを進めてきました。このほか、これから需要が伸びることが期待されるインドネシアなどアセアン諸国にも販路開拓等を進めています。

また、平成28年6月には、独立行政法人医薬品医療機器総合機構（ＰＭＤＡ）北陸支部とアジア医薬品・医療機器トレーニングセンター研修所が本県に設置されたことから、今後、ここで研修を受けられるアセアン諸国をはじめ発展途上国の研修生の方々との「人のネットワーク」が形成され、県内製薬企業等の国際展開が進むことを期待しています。

さらに、バイオ医薬品をはじめとした付加価値の高い医薬品の研究開発と製造・販売が重要であることから、全国で唯一の県立の薬事研究所において、これまでも先端的な研究設備を設置してきました。今後さらに、最新鋭の質量分析計などの高度な分析機器等を整備した「未来創薬開発支援分析センター（仮称）」を整備し、県内製薬企業のバイオ医薬品等の新商品開発の促進に努めてまいります。

●産学官連携によるものづくり産業の振興

5年前に国の支援をいただいて設立した「ものづくり研究開発センター」では、企業の新技術・新製品の研究開発のみでなく、試作品の製作も支援することとしており、そのために必要な世界水準の設備を42種類（センター設立時は26種類）配置し、その活用方法についても指導、助言しています。期待以上だったのは、これらの先端設備が県内の企業（242社）のみでなく、県外企業（168社）にも多く活用されており、その過半数は一都三県や京都・大阪、名古屋など大都市地域に本社がある企業で、東証一部上場の著名な企業が多いということです。県外企業の方に理由を伺ってみると、「企業が試作品をつくったりするのに必要な最先端の設備が整備されている」、「類似の施設は東京圏などにもあるが、富山県の設備がより先端的なことが多い」、「東京では、2～3か

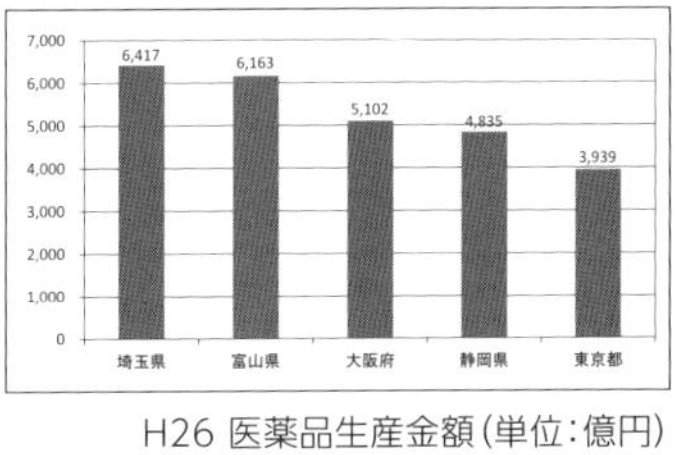

H26 医薬品生産金額（単位：億円）

月待たされるが、富山県では1週間や10日間で貸してもらえる」とのことです。こうした県外企業の中には、富山県に子会社までつくって設備を活用している企業も出てきています。また、富山とのご縁ができて、取引関係や、研究者同士の交流も増大しています。「ものづくり研究開発センター」では、今後さらに地方創生交付金を活用して建屋を増築し、試作品の開発だけではなく、製品機能評価を行うための設備を整備することとしています。これにより、県内企業への研究開発から試作、品質評価までの一気通貫の支援が可能となり、企業のイノベーションをさらに後押ししていきたいと思っています。

県ものづくり研究開発センター

●伝統工芸品のデザイン力を高める

富山県では、高岡などを中心に伝統工芸も盛んです。最近では、何人かの経営者の方が、デザインを活用し、今までとは違った突き抜けたチャレンジをして、成功を収めておられます。うれしいことに、そのサポートの面で大きな役割を担ってきたのが、「県総合デザインセンター」だといってくださる方が多い。このデザインセンターは、デザイン専門の全国唯一の県立試験研究機関であり、平成6年から全国的なデザインコンペを毎年開催してきており、若手デザイナーの全国的な登竜門のひとつとなっています。これまでに約7000件の応募があり、その中で県内企業とコラボしたデザイナーが約３００人おられます。また、富山プロダクツということで、県内で製造される品質、デザイン性に優れた工業製品を選定し、販路開拓の支援を行っていますが、これまでに約２００点の製品を選び、年間売上が20億円を超えています。

そこで、人間国宝の大澤光民さんなどの高岡銅器や越中瀬戸焼の伝統工芸作家の企画展示とともに、こうしたデザイン力を高めた工芸品を海外でアピールしようということで、平成26年・27年に、ニューヨークで富山県の工芸品をアピールする展示会を開催しました。大澤光民さんの作品の中には、早速、コレクターとの成約があり、その後、メトロポリタン美術館への寄贈が決まるなど大きな成果がありました。また、平成27年に、ミラノ国際博覧会への出展に合わせ、ミラノ市内の国際的に著名なトリエンナーレ美術館において、富山県伝統工芸品展示会を開催したところ、「すごく斬新で、デザイン性がある」、「とてもエレガントで心が落ち着く」など、予想していた以上に好意的な高い評価をいただきました。さらに、平成28年8月に、私自身が職員とともに台湾を訪問した際に、台湾デザインセンターとの間で、今後の連携に関する覚書を締結したところです。

こうしたなか、デザインセンターでは、県内企業の取組みを一層後押

H27.5 ニューヨークでのPR展示会

H28.8 台湾デザインセンター覚書締結

しするため、平成28年4月に、3Dプリンターなど最先端設備を導入するとともに、今後、国内外から若手デザイナー等が集い、連携交流し、新たな商品開発を行うためのデザイン交流創造拠点を整備することとしています。

また、東京オリンピック・パラリンピックが開催される2020年に向け、文化庁と工芸の一大産地のひとつである北陸3県が協力し、「国際北陸工芸サミット（仮称）」を開催することとなり、まず最初に、平成29年秋に富山県で開催することが決定しました。こうした取組みを通じて、富山県の工芸品の魅力を一層磨き上げ、全国や世界に発信していきたいと思っています。

●企業立地の促進

企業立地も改めて進んでいます。東京一極集中を是正し、地方への人の流れをつくるため、富山県として、また、全国知事会としても国に提案し働きかけを行い、平成27年度の税制改正で「地方拠点強化税制」を創設していただきましたが、これを活用した本社機能の一部移転や研究開発部門の移転の動きも広がっています。

例えば、YKKグループには、黒部事業所内に本社機能の一部を移転していただき、平成28年3月までに社員ベースで230人の異動が完了しました。また、平成28年4月には、黒部荻生製造所内に研究・開発・

H28.4 開設したYKK AP R&Dセンター

検証・試験の機能を集結したＹＫＫ ＡＰ Ｒ＆Ｄセンターを開設していただきました。

日本カーバイト工業さんにも、首都圏などに分散していた研究開発部門を富山県滑川市に集約して移転立地していただくこととなり、平成28年12月に新研究開発センターが竣工しました。

●県内企業のアジアへの進出支援

富山県では、県内企業の海外進出が進んでいます。なかでもアジアへの進出状況を見ますと、平成13年には延べ１０１社、１４１事業所でしたが平成28年7月には延べ２９１社、５５９事業所に増え、事業所数では15年間で4.0倍になりました。企業の海外進出は産業の空洞化を招く可能性もありますが、富山県では、県内にある本社や研究開発拠点、マザー工場を大事にしていただくことを前提に、当該企業の海外進出をしっかりサポートしようと思っています。県内企業の海外展開先としては、中国など環日本海地域との経済交流の支援はもちろん重要ですが、経済のグローバル化の進展に伴い、タイ、インドネシア、ベトナムなどの東南アジアやインドも大事だと考えています。このため、東南アジア諸国やインドを訪問し、相手国政府に対して県内企業の進出への支援の要請を行うとともに、本県の観光の魅力のアピールと誘客にも努めています。

また、平成27年12月には、人口５０００万人、面積は日本の本州の7割ぐらいもあるインド・アンドラプラデシュ州との間で、経済や文化の交流の推進を盛り込んだ協定を締結しました。経済発展著しいアジア諸国との経済文化交流を積極的に推進し、共に発展していきたいと考えています。

●産業を支える人づくり

生産年齢人口の減少が当分続く時代ですから、本県産業の担い手である人材の確保・育成に取り組むことが大切だと、かねて考え取り組んできました。

県内企業から、近年、人材が不足しているという話を、よくお聞きします。そこで、厚生労働省に要望し、平成26年から、ものづくりに関わる高度で専門的な人材を企業が確保する際、人件費の一部を助成する事業を採択いただき、取り組んできました。また、平成27年から、建設、介護、観光など人手不足分野において、訓練付き雇用を促進する事業にも取り組んでいます。

富山県へのUターン率については、10年前も全国トップクラスの51・3％でしたが、毎年Uターンの促進に努め、今年は58・1％にまで向上しました。また、平成20年頃に約200人だった本県への移住者は年々増加し、平成27年度には462人となりました。しかも、心強いことに、20歳代から30歳代の若い世代が増加して72％を占めており、お子さん連れで来る方も少なくありません。平成28年3月に開催した移住者交流会で、5年前に夫婦で、富山県に移住した方から、「以前に比べて若い移住者が随分と増えて活気がある。富山県を移住先に選んで良かった」と声を掛けてもらい、大変うれしかったですね。移住の促進のため、昨年、東京・有楽町に開設した「富山くらし・しごと支援センター」のさらなる機能強化を図りたいと思っています。

本県産業の担い手の確保とともに、創業への支援も重要です。そこで、富山県では、夢や情熱、志を持って起業や新たな事業にチャレンジする方々を支援するため、平成17年度に「とやま起業未来塾」を創設し、今年で12年目を迎えました。とやま起業未来塾では、毎年20名余りの塾生が入塾し、5月からの半年間、毎週土曜日の午後に、県内外のトップ経営者や専門家による座学やゼミなどの実践的なカリキュラムのもと、ビジネスプランの作成等、約100時間の研鑽を積んでいます。これまでの11年間で264名の塾生が卒塾し、その約7割にあたる189名が創業や新分野への進出を果たしています。卒塾生の中には、入塾前に年間約2000万円だった売上が数億円に成長した企業の経営者や、国内だけでなく海外でも活躍している外食産業のオーナー、筆文字デザイナーなど、多様な分野で活躍されている方が出てきており、嬉しく思います。

また、富山県立大学の工学部では、産業界のニーズに対応して、平成29年4月に、全国初の医薬品工学科を、さらに、平成30年4月に、IoT、AI（人工知能）など第4次産業革命に対応した人材の育成に取り組むための知能ロボット工学科（仮称）を、各々開設することとし、入学定員を100人増やすなど、明日の本県産業を担う人材の育成に努めてまいります。

●陸・海・空の交通基盤の整備

北陸新幹線については、開業後1年間の乗客数は開業前の約3倍で、開業2年目の現在も3倍近い水準が続いており、先行して開業した東北新幹線や九州新幹線の約1.2倍や約1.6倍に比べると、開業効果が圧倒的に大きいといえます。

北陸新幹線の延伸については、敦賀までの開業が、6年4か月後の平成34年度末とされましたが、その先の京都・大阪へのルートが決まっていません。北陸新幹線の開業効果が、先行したほかの整備新幹線に比べても非常に大きいことがはっきりしたので、平成28年中に敦賀以西のルートを国において適切に決定していただき、京都・大阪までの延伸・開業が、せめて14年4か月後とされている北海道新幹線の札幌開業頃までに実現できるよう、国に強く働きかけていくこととしています。

東海北陸自動車道は、8年前、平成20年7月に暫定2車線で開通しました。日本列島の中心で太平洋側と日本海側をつなぐ一番の大動脈であり、南海トラフ大地震などの大規模災害の際には、広域支援ルートとしても大変重要です。交通量は年々増加しており、昨年3月に開業した北陸新幹線や、同年7月に開業し、1年間の来館客が600万人を超す（富山県内約4割、石川県約4割、その他約2割）ともいわれる三井アウトレットパーク北陸小矢部の効果などにより、北陸自動車道と併せ、今後ますます交通量の増加が見込まれます。今般、東海北陸自動車道の富山県側2区間、約10キロメートルについて、付加車線を設置する方針が決定されましたが、この事業を促進するとともに、早期に4車線化できるよう努力していきたいと思います。

伏木富山港は、平成23年11月に日本海側の「総合的拠点港」にも選定されており、ロシアのウラジオストク港へは、日本で一番便利な港です。コンテナ貨物は、平成27年の取扱個数が10年前に比べて1・4倍（全国1・1倍）となっており、全国平均を上回って増加しています。また、外航クルーズ船については、マイアミ、ロサンゼルスなどの世界的なクルーズ会社の本社を訪問し、社長に直接働きかけを行っています。富山県の熱意を受け止めていただき、寄港も漸次増加していますが、今後とも、しっかり取り組んでまいります。

富山きときと空港については、北陸新幹線の開業の影響で、富山―羽田便は1日6便から4便に減便となりましたが、これをぜひとも堅持していきたい。富山きときと空港企業サポーターズクラブの会員数も、平成27年9月の100社程度から今では328社となり、富山県の企業だけでなく、首都圏の企業にも相当に拡大してきました。羽田経由の国際便は、かつてに比べ国際便の大幅増もあって、利便性が非常に高まっており、その面からも貴重な路線である富山―羽田便を維持し、その拡充に努めていきます。また、国際線についても、日本海側の空港ではトップクラスの4つの国際定期路線（ソウル・大連・上海・台北）の維持拡充に向け、利用促進に取り組んでまいります。

●新ゴールデン・ルートの形成

最後に、私の夢を少しだけ語らせていただきたいと思います。

東京をはじめ首都圏から中京圏や関西圏に流動している人口は、現在1億2000万人で、まさにゴールデン・ルートです。首都圏から富山や北陸へ来ている方は、今までは600万人台でした。そのうち、富山に来ている方が240万人程度ですが、新幹線開業で、これが一気に3倍になりました。北陸新幹線がいずれ京都、大阪まで開業しますと、さらに効果が大きくなると見込まれます。

また、京都、大阪までつながると、例えば埼玉県の方、人口でいうと約７７０万人ですが、北陸を訪れる場合はもちろん、京都、大阪に行かれる際に、大宮から北陸新幹線を選択される方が相当増加するように思います。それから栃木、群馬、茨城、この三県の人口は約７００万人ですが、この方々も高崎などから北陸新幹線を利用した方が早くなります。それから、仙台から大宮経由で富山へは約3時間で着きます。そうすると、仙台をはじめ南東北の方々は、北陸へ行く場合はもちろん、京都、大阪へ行く場合、大宮から北陸新幹線を選択される方が相当に増えるのではないか。

そう考えると、大阪開業により、まさに北陸新幹線が新ゴールデン・ルートになる可能性があります。そして、将来的にはこのルートを東海道新幹線とループ化し、環状新幹線にしていただきたい。そうすると巨大な山手線ができる。その中で、首都圏や中京圏、関西圏と、この北陸が６５００万人規模の世界的に見ても素晴らしい日本の経済文化の中心回廊になります。北陸は4極のひとつとなり、その中で、雄大で美しい自然、多彩な歴史・文化、活力あるものづくり産業、美味しい食べ物などを兼ね備えた、魅力ある独自の存在感を持った元気な富山県として飛躍していきたい。

そうした夢の実現に向け、県民の皆さんの知恵と力を結集し、県内市町村や経済界はもとより、北陸各県とも連携協力しながら、全力で取り組んでまいります。

(平成28年11月記)

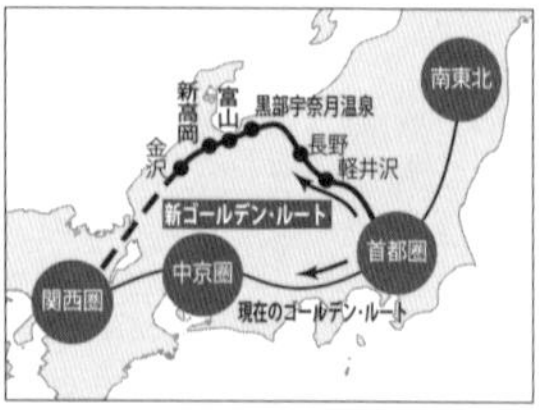

新ゴールデン・ルート

株式会社アイザック

IZAK CO.,LTD.

変わらない信念と共に、変わり続ける企業として
多彩な事業への挑戦

環境事業本部エネルギーセンター

株式会社アイザック

創業　1953(昭和28)年4月25日 / 設立　1963(昭和38)年7月2日
主力事業　①産業廃棄物処理・リサイクル ②ダンボール製造販売
本社　〒937-0816 富山県魚津市大海寺野1181
環境事業本部　〒931-8304 富山県富山市米田町3-3-33
パッケージ事業本部　〒936-0803 富山県滑川市栗山3544

●日本有数の一貫した産業廃棄物処理機能

株式会社アイザックの環境事業は、富山市の米田町に本部工場7万5048㎡、松浦町にエネルギーセンター2万6105㎡、山本に最終処分場49万㎡の敷地をもち、最先端の処理施設・設備が稼働している。

産業廃棄物とは、事業活動に伴って生じた廃棄物のうち、燃え殻や汚泥、廃油など法令に定める20種類をいう。産業廃棄物処理には、収集運搬・中間処理・最終処分の3工程があり、アイザックグループでは、あらゆる産業廃棄物を取扱い、3工程すべてを一貫して行っている。特に中間処理では、多彩な処理方法をもつことで広く知られており、有害金属含有廃棄物をはじめ、液状物や固形物、各種廃試薬品など、あらゆる産業廃棄物の中間処理が可能だ。

「焼却炉で焼却するだけでは廃棄物処理問題は解決しません。最終処分までやる。無害化して決して有害物質を排出しないこと、さらにはCO_2削減、再生エネルギーま

石﨑由則《よしのり》社長

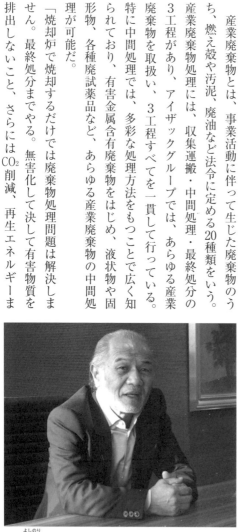

で取り組んで初めて環境事業です。難しいことにこそ挑戦し続ける」と石﨑社長は語る。

全国の排出事業者からの委託を受けているだけでなく、新たに排出される廃棄物や処理困難物の問い合わせに対応するなかで、処理品質の向上と技術開発にも力を注いでいる。本部工場には化学処理、焼却処理、生物処理（微生物による分解除去）、混練処理（汚泥などに薬剤やセメントを混ぜる）といった処理プラントが集積している。最終処分場も最新技術による確実な維持管理が必要だ。埋立終了後も浸出水の処理などの維持管理を長期間にわたり継続して行わなければならないため、埋立終了後の維持管理費用を積み立てておく義務がある。

「処理事業におけるCO_2削減や二次公害の危険性回避のために最善の処理方法を追求し続けています。新技術には新設備が必要なのが常で、絶えず設備投資を行うことが不可欠であり、また、地域の中で業をさせていただいている以上、安全には万全を期すと同時に、可能な限り景

運搬車両と焼却施設

観整備にも配慮が必要だと考えています。例えば2016年に脱水設備を最新のものに更新しましたが、機械設備だけではおさまらず、大変大がかりではありましたが、合わせて建屋の建設も必要と考え実行しました。それは、環境汚染を抑制するための最新技術導入は待ったなしだという信念があるからです。環境事業でやるべきことはまだまだ終わらないし、最終処分場の将来の維持管理に要する積み立ては必須です。万一事故を起こしては大変なことですから、常に緊張しています。創業当初は他社に学んだこともありましたが、今は頼られる側になった責任も自覚しています」と石崎社長の情熱は衰えを知らない。

●発電とリサイクルに貢献するエネルギーセンター

アイザックでは、適正な産業廃棄物処理によるCO_2削減にとどまらず、廃棄物処理業の特性を生かしたエネルギー創出やリサイクルによる低炭素社会への貢献姿勢を明確に打ち出している。特に発電事業の規模は大きい。

2010年、エネルギーセンターが竣工し、産業廃棄物を安定的に熱処理する焼却・発電施設が整った。「リサイクル、再生エネルギー創出までできて初めて環境事業になる」という石崎社長念願の設備だった。焼却炉は抑制燃焼を実現する、処理能力148・4t／日のガス化式キルン・ストーカー炉を採用。キルンでは空気を抑制しガス化を促進、キルンから出た残渣物をストーカー炉にて積極燃焼させる。さらに焼却炉から発生する廃熱をボイラーで熱交換し、発生した蒸気により発電（発電能力4000kW／h）を行う。

アイザックではJ－クレジット制度に登録して、発電した電気の自社利用分にてJ－クレジットを創出。温室効果ガスの排出量削減に貢献し、カーボン・オフセットに取り組んでいる。

環境事業本部のエネルギーセンターと本部工場の廃棄物処理による発電量は、年間3232万kWh（最大能力値より算出、以下同）。グループ傘下の富山グリーンフードリサイクル株式会社に設置したバイオマス発電は160万kWh。アイザックグループの工場屋根や地上数か所に設置した太陽光パネルによる発電が359万1113kWh。すべて合わせて3751万1113kWhに達し、これは一般家庭の1年間の電力消費量に換算すれば9370世帯分にあたる。また、これに伴うCO_2削減量は年間1万8944tにのぼる。

環境先進県といわれる富山県の中でも廃棄物処理のモデル工場といわれるアイザックには地方公共団体や中央省庁からもさまざまな声がかかる。2016年の伊勢志摩サミットでは、本会場にJ－クレジットを無償提供したほか、富山市で開催された環境大臣会合においては、開催によって発生す

コンピュータ操作で稼働する焼却設備

るCO_2の全量をJ−クレジットで相殺しただけではなく、CO_2削減の取り組みについての報告も行った。

資源の再利用にも注力している。本部工場では、廃液の再利用や有価金属抽出、固形燃料製造などに取り組んでおり、エネルギーセンターでは、中身の取り出せないドラム缶を缶ごと破砕し焼却した後に金属スクラップとして回収したり、有価金属を含む汚泥を乾燥させるなど効率のよいリサイクルを進めている。

また、富山グリーンフードリサイクルにおいては、家庭の生ごみや食品製造業の有機性廃棄物からバイオガスを発生させ、メタンガスの販売および発電を行っている。

「中間処理装置の建設にも、最終処分場の確保にも大きな規模が必要です。国や県の指導をいただくことはもちろんですが、地域の理解と協力なくしては成し得ないことです。そうやってやらせていただいている事業ですから、廃棄物を資源化し、環境を守る新しい取り組みを怠ってはならないと思っています」（石﨑社長）。

景観が整備され、跡地利用も進む管理型最終処分場

●環境事業とパッケージ事業を基軸に、変革の時代に合った多様な事業展開

アイザックの創業は石﨑社長の父石﨑由夫氏が造船業から木箱製造業へ業態を転換したことに始まる。その後木箱から段ボール製造へ変遷し、さらにアルミ建材加工販売事業へも参入していった。「アルミ建材をやるようになったのは、地元のＹＫＫさんから声を掛けていただいたのがきっかけだったようです。段ボール製造とアルミ建材の２本柱でやっていたのですが、父は新たな事業展開として廃棄物処理業を始めようと考えたのです」（石﨑社長）。

１９７０（昭和45）年、段ボール製造とアルミ建材加工販売を営むそれぞれの会社を石﨑産業株式会社に統合した。また、その翌年に廃棄物処理法が施行されると、富山県から産業廃棄物処理業者の許可を取得し、併せて重金属処理の許可なども取得した。石﨑社長が新入社員として入社したのはまさにちょうどそのときだった。どうせなら新規立ち上げ事業をやりたいと志願した石﨑社長は、営業部長の肩書をもらう。とはいえ、委託してくれる企業はゼロからのスタートであり、毎日５～６社、化学製品を扱っている会社やめっきの会社を回った。法施行以前は行政に引き取ってもらっていた廃棄物を、企業が自社で処理しなければならなくなったことに戸惑う経営者に、「有料で廃棄物をお預かりして処理します」と説明して歩いたのだ。「そんな商売があるのか」と驚かれることも珍しくない時代だった。北陸・関西のほとんどの地域を回った。

「木箱をつくっている両親をみて育ったので、自分もがんばって会社を助けるという気持ちは強か

ったですね。富山も含めて全国で公害問題が噴出していた時代でしたから、産廃問題を軽視する企業はなく、私も環境をよくするためにやるんだと、素直に情熱を燃やしました」(石崎社長)。

一からのスタートだったことがむしろ幸いした。助成金や融資を得て、最新の産業廃棄物処理工場を建設したのは1973(昭和48)年。そこから軌道に乗るまでに10年余を要した。他社に先駆けて参入したこと、設備投資と処理技術の開発を推進したことが功を奏して基盤を固めていき、長野、大阪、東京、名古屋へと県外営業拠点を順次開設し事業拡大を図っていった。産業廃棄物の種類の多様化に対応しさまざまな中間処理施設を新設するとともに、廃棄物の収集運搬部門を担う関連会社(現:アイザック・トランスポート)、廃棄物の最終処分部門を担う関連会社(現:アイザック・オール)を設立した。これにより産業廃棄物処理のすべての工程を自社グループで一貫して運営できる体制を構築した。そして1991(平成3)年に初代の後を承けて由則社長が就任。このときブランドネーム「IZAK」(アイザック)を制定した。

2000年にはホテル事業として富山市大沢野の神通峡に「リバーリトリート雅樂倶《がらく》」を開業した。また2002年にはアルミ建材部門を株式会社アイザック・ユーとして分社化。さらに2011年には富山駅北口に近い富山市奥田新町に「樂翠亭《らくすいてい》美術館」を開設した。

そして創業60周年を迎えた2012年に石崎産業からアイザックへと社名を変更し、ロゴデザインもアートディレクターの佐藤可士和《かしわ》氏に依頼し一新した。コーポレートカラーは鮮やかな赤色で、革新的な発想や未来を切り開く情熱をもって力強く事業活動を推進していきたいという思いが込められている。

リバーリトリート雅樂倶は、デザイン性に富んだ建築と一部屋ごとに趣の異なる客室、館内外に配したアートコレクションなどこれまで富山県になかったものを打ち出したこだわりのホテルだ。樂翠亭美術館は昭和20年代後半に建てられた敷地1200坪の邸宅と庭園を保存する目的で開設されたもので、茶道具や現代作家の美術作品を所蔵している。「文化財の価値なんか私にはわからんのですが」という石﨑社長だが、こうした建築物の保存・維持に深い理解をもっていることは、訪れてみれば一目で実感される。このほか魚津市にあるホテルグランミラージュの運営も手がけている。

「創業から63年、いろいろなことをやらせていただく結果になってありがたいことですが、やはり本業をしっかりやって、環境改善に貢献することを忘れてはならないと思っています」（石﨑社長）。

アイザックは、東京、栃木、大阪、名古屋など全国9

リバーリトリート雅樂倶のメインロビー

拠点で事業を展開している。グループ関連会社は9社から構成されており、グループの2016年4月期の総売上高は約300億円に達した。

●機能性段ボールで業績好調のパッケージ事業

段ボールの製造・販売を主とし、包装資材を総合的に取り扱うパッケージ事業本部は、富山県滑川《なめりかわ》市と栃木県野木町の2か所に製造工場を置き、高機能・高付加価値製品の開発で業績を伸ばしている。リサイクルの優等生といわれる段ボールの利点を活かし、環境負荷の少ない製品開発にこだわっている。

「エコクールハイパー」は、段ボール原紙に特殊加工を施して熱反射性を高めた素材で、保冷輸送用ケースとして食品・医薬品などさまざまな分野で利用されている。なかでもおせち料理を配送する保冷ケースとしては、有名料亭やホテルなどにも採用され年間約100万ケースを供給する。また、コーティングして耐水性を高めたWPCダンや、ラミネート加工によって耐水性や防湿性、帯電防止、緩衝性など多様な機能をもつ素材を開発。それらのさまざまな素材の特性を活かした用途開拓にも積極的に取り組んでいる。その用途は包装材にとどまらず、断熱性を活かした住宅用遮熱材や、耐水性を活かしたイベント用ダストボックス、緩衝性・保温性を活かした靴の中敷きなど、段ボールの常識を超えたアイデアにあふれている。

パッケージ事業本部では最高の品質をお届けすることを第一の目標としている。医薬品・食品・

電子部品などの多様な業種の取引先があり、品質に対しては高いレベルを求められる。そのために、製造工場の衛生管理には特に念を入れている。工場内は冷暖房を完備して外気と遮断し、徹底した防虫対策を行っている。また、生産設備には印刷ラインと型抜きラインに最先端の画像検査装置を導入し確実な検査体制を実現している。併せて、品質マネジメントシステムを導入し、全従業員に高品質維持の重要性を徹底し高い意識をもって働くことを求めている。2016年には野木工場でも最新鋭・高性能な画像検査装置付き印刷機を導入し、高い生産性を実現する事で、コストと品質、そして短納期といった多様なニーズに応える体制を整えている。

保冷段ボール
「おせち用エコクールハイパー」

●社員一人ひとりの成長が次代を担う

グループ全体でおよそ900人の従業員が働いている。採用

パッケージ事業本部滑川工場（屋根に1メガワットの太陽光パネルを設置）

は毎年20数名。「元気が一番。学歴より元気。会社が目指すところに向かって一緒にやってくれる資質を求める」と石﨑社長はいう。

「仕事は二番でいいのです。第一に考えるのは自分個人のことでいい。結果として働くみんなが、ここにいてよかったと思える仕事をつくりあげていくことが企業の役割です」。

化学やエネルギーの高い技術やノウハウを駆使しているため、応募者は富山県内の学生に限らず、関東や関西地区からも多い。また、化学や機械、電気系などさまざまな知識を活かすことができるため理系学生（大学院含む）の応募が多い。

「2016年に研修ガイドの年間計画を立てました。『社員一人ひとりの成長が会社の発展につながる』というコンセプトで、新人から上級管理職までプログラム内容を変えて研修を実施しています。階層別研修だけでなく経営幹部が話をする『石﨑塾』も開講しています。マネジメント、英会話などの講座受講や通信教育受講も奨励しているので、積極的に利用してほしいと願っています。自分のために成長して、結果社員としての能力が高まってくれるといいですね」と採用・育成担当の石﨑大善《ひろよし》専務はいう。

また、部門や世代を超えた社員同士のコミュニケーションの促進や団結力のある組織作りの一環として、運動会、遊園地貸切パーティ、社員旅行など様々なイベントも実施している。

「事業の原点は人であり、人が企業の目標をどこへもっていくかだと思います。次の時代を担うのは次の世代です」（石﨑社長）。アイザックの挑戦は続く。

●創業144年のチャレンジャー、新たな合言葉は「感動」

コンピュータとインターネットの普及により情報発信の手段は多様化する一方だ。印刷業界もイノベーションが続いて印刷機は高度化大型化している。結果、日本の印刷会社最大手2社においてさえ印刷は成長部門とはいえなくなっている。そんな中にあって、富山市の朝日印刷は成長を続けている。安定した業績の伸びは、印刷業界や医薬品業界では知らない人はいない会社である。

事業の主力は、創業期より富山県の地場産業である製薬業とともに取り組んでいる、一般用医薬品・医療用医薬品のパッケージ、添付文書やラベルの印刷、そして1977（昭和52）年から参入した化粧品パッケージの印刷であり、包装資材の製造である。医薬品パッケージ市場では推計40％と国内トップシェアを誇る。また、化粧品パッケージ市場ではシェア第2位だ。右肩上がりの業績は、リーマンショックにも影響を受けなかった。そのわけは、製薬メーカー上位100社中91社が

濱 尚社長

朝日印刷の直接取引先であり、しかもトップ顧客でさえ同社の売上の３％しか占めていない。医薬品業界全体が顧客なのだ。販売される医薬品の数が増えることに比例して印刷物の注文がくる。

創業１４４年の歴史においてまったくブレることなく続けてきた医薬品パッケージの印刷を基本に、厚い信頼を勝ち取ってきた実績がある。全国20か所の支店・営業所。シンガポールの子会社。富山県内の５工場。加えて２０１５年10月に京都にも新工場を開設した。

社員数９４１名（平成28年3月現在）の平均年齢は34・1歳。２０１２年に就任した濱《はま》　尚《ひさし》社長以下の若い力が次代を担う。東京ビッグサイトで開催されている医薬品・化粧品・洗剤 研究・製造技術展「インターフェックスジャパン」にも毎年出展し、内外にその実力をアピールしている。「お客様からの要望に応えるだけではなく、朝日

インターフェックスジャパンの朝日印刷ブース

印刷にしか生み出せない『感動』を提供する企業でありたい。そのために必要なのは、私たち自身の挑戦です。すべての従業員がそれぞれのポジションで新たな挑戦をし、お客様の期待を超える感動の提供を目指すことが朝日印刷の使命なのです」と濱社長はいう。

代々経営に携わってきた朝日家のワンマン経営ではない。トップを尊重しながらも経営陣が合議制を取り、先を見通して果敢にチャレンジするのが朝日印刷の伝統だ。

●あえて敢行した医薬品パッケージ印刷への特化

日本の印刷史に名を残す企業の歩みは明治の文明開化とともに始まった。明治維新から間もない1872（明治5）年、前身の小澤活版所は魚津（当時は新川《にいかわ》県）に誕生した。創業した小澤重三郎は横浜で活版印刷機をみて、これだと思い導入したというから、開祖からしてチャレンジャーである。2008（平成20）年に刊行された記念史『銀嶺幾星霜―木製活版から印刷包材まで百三十五年』に

多種多様な医療用医薬品のパッケージ（上）と添付文書の数々（左ページ）

は、内務卿大久保利通から受けた「新川県職員一覧表」の印刷許可証の写真が載っている。英和辞典などを印刷した記録もある。ちなみにこの『銀嶺幾星霜』は日本の印刷業の歴史、富山県の産業や社会の歴史を伝える貴重な一書。A4判400ページの分厚い豪華装丁本は非売品だが、普及版として『活版師はるかなり　布告から薬袋まで』（桂書房）も出版されている。

創業から10年後に富山市内へ移転し、地元富山の売薬袋の印刷も手がけるようになり事業が拡大した。

1924（大正13）年に、三代目社長の朝日《あさひ》重利《しげとし》氏は最新型オフセット印刷機を2台導入している。前年に関東大震災があり、富山の売薬の需要が急激に伸びたため、医薬品パッケージ印刷にもスピードと量産が必要となった設備投資だったが、重利氏は、従来とは異なる美しい印刷の仕上がりにも大きな魅力を感じたのではないだろうか。

その後も日本の近代化と足並みをそろえて朝日印刷の事業は成長を継続していった。しかし、第二次世界大戦終戦

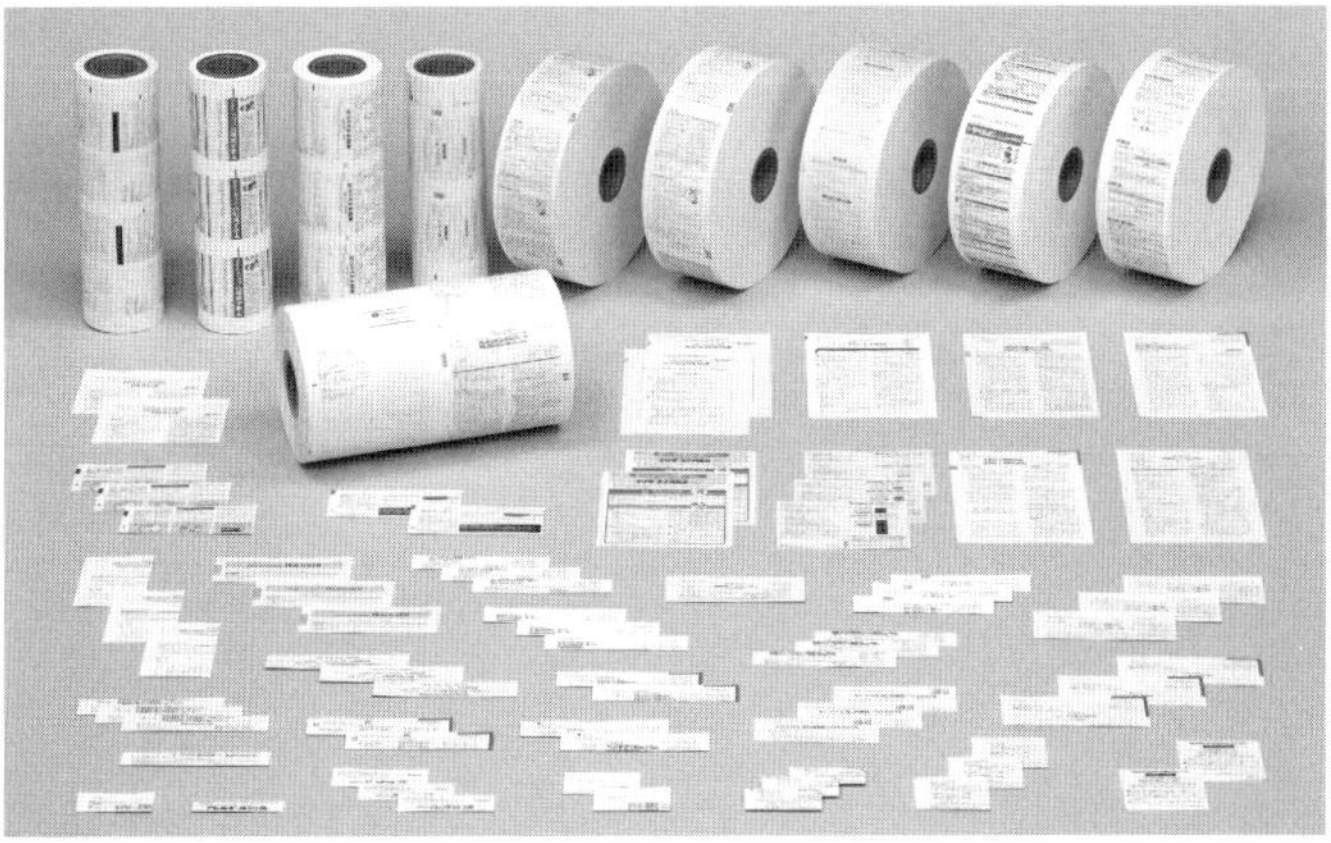

直前の1945（昭和20）年8月1日に富山市を襲った大空襲で、本社、工場とも跡形もなく焼失してしまった。

それでも、戦争が終わった直後に取引先から営業再開の要望とともに敷地も提供されて、工場を再建、事業を再開し、翌1946年には朝日印刷紙器株式会社として新たな出発を果たした。こうして戦後復興とともに印刷事業は再び業績を伸ばしていく。

ところが、その好調の中で営業方針の大転換が行われた。日本が戦後の高度経済成長期に入った1960年代に、それまで主に鍋や弁当箱の外箱や包装紙などの印刷が中心だったものを、地元富山の地場産業である医薬品関係の印刷だけに特化したのだ。しかも、この決断をした重利氏は、医薬品関係以外の得意先にあいさつに回り、今後はこちらの業者さんをよろしくと同業者を紹介して歩いたという。

この転換によって一時売上はほぼ半減したのだが、この判断が、その後の印刷業界の浮き沈みに左右されることなく、今日の安定経営をもたらした。1921（大正10）年、26歳で社長となり73歳で退くまで50年間にわたり社長として朝日印刷を率いた重利氏は、まさに朝日印刷中興の祖だった。

1968（昭和43）年に重利氏の後を継いで弟の朝日重幸氏が社長になると、朝日印刷は全国規模の製薬メーカーを何社も顧客に得た。さらに1977（昭和52）年からは化粧品パッケージ分野にも進出し、医薬品一筋だった同社の新分野を切り開いた。日本の製薬企業は富山がその代表格だが、地域ごとに集まっている。その各地に営業拠点を置いて、地域密着型営業を展開するようになったのは、重幸氏に替わって1986（昭和61）年に社長に就任した重利氏の長男、朝日重剛《じゅうごう》氏（現会長）のときである。重剛氏は、1989（平成元）年、生産能力の増強を目的として、印刷・包装資材の一貫生産工場、富山工場を新設、さらに経営体質の近代化を目指し、2002（平成14）年に東京証券取引所第二部に上場する。また同年、社名を朝日印刷株式会社に変更した。

●機能を求めるパッケージのニーズに応えて

富山県の産業において「富山のくすり」は、医薬品製造はもとより関連する容器産業なども盛んにしてきた。昔の薬は、薬包紙に包み、いくつかまとめて袋に入れていた。袋の表は商品名、裏は効能効果と用法を印刷するのが一般的だった。製薬の発達により外箱にも、中に入れる添付文書にも詳細な内容が小さな文字でびっしり書かれるようになった。朝日印刷が手がけるのはこの部分だ。

「万が一にも誤読の恐れがあるものは許されません。ほこりがついたりシミがついたりして内容を読み違えるようなことがあってはいけないのです。印刷面ではない外箱の内側や添付文書の裏側であっても、紙そのもののシミであってもいけない。赤いシミは血に、黒いシミは虫に見間違える危険があるからです。もしもそのようなものが市場に出たりすれば大変です。薬は人命にかかわる商品ですから回収しなければなりません。印刷の仕事の厳しさを富山の薬屋さんから教えていただきました」と濱社長は語る。

ひとつの機械で1日10点を印刷し、検品するノウハウをもっている。朝日印刷が多品種少量に対応する機械をもっていればこそ可能であり、印刷工程で細心の注意を払い、製品の検品も徹底的に行う。現在では、チェックの正確性を期すために、絵柄や表示文字の規格整合性をチェックする大判検査装置を導入した。デジタルデータ照合校正と、それに伴う印刷データ管理のシステムも自社開発した。医療用医薬品パッケージの製造工程の一部はインラインの検品機器も導入している。

重剛社長時代の1995（平成7）年、朝日印刷は2人の社員を米国に留学させた。医薬品包装の最新事情を把握し、新しい市場ニーズを探るためだ。併せて国内の病院内薬局や調剤薬局が求めていることについてリサーチを重ねた。頼まれた文字や図を紙に印刷するだけではいけない、使われる場所と物に合わせて使いやすさを追求しよう、という発想だ。こうして独自の機能付きラベルを開発していく。例えば吊り具付きラベルは点

ライン化された富山東工場内部

滴容器に簡単に装着できる吊り手がついている。二層タックラベルは印刷されたラベルが2枚重なっており、上の1枚を剥がしてカルテや医療器具に貼りつけることで、転記ミスなどの医療過誤を防止するのに役立つ。印刷する素材も紙だけではない。化粧品部門ではさまざまな包材の企画開発も行っている。製薬会社や化粧品会社が、包材について企画段階から相談をもちかけてくることも多い。

一般用医薬品や化粧品のパッケージにおいては、高度な意匠や多様な表現を安定した品質で実現するとともに、世界で唯一のユニット構成をもつ、枚葉《まいよう》オフセット多色印刷機を印刷機メーカーと共同開発した。これらの最適化された生産設備は「朝日オリジナル」仕様である。

2000(平成12)年には包装システム販売部を立ち上げ、包装ライン全体をトータルに提案する事業も始まった。錠剤やカプセル、液体充填など各種の薬剤の包装から、カートナーによる箱詰め、各種の検査、輸送用段ボール箱詰め、そして荷積みに至るまでを含めたライン構築を

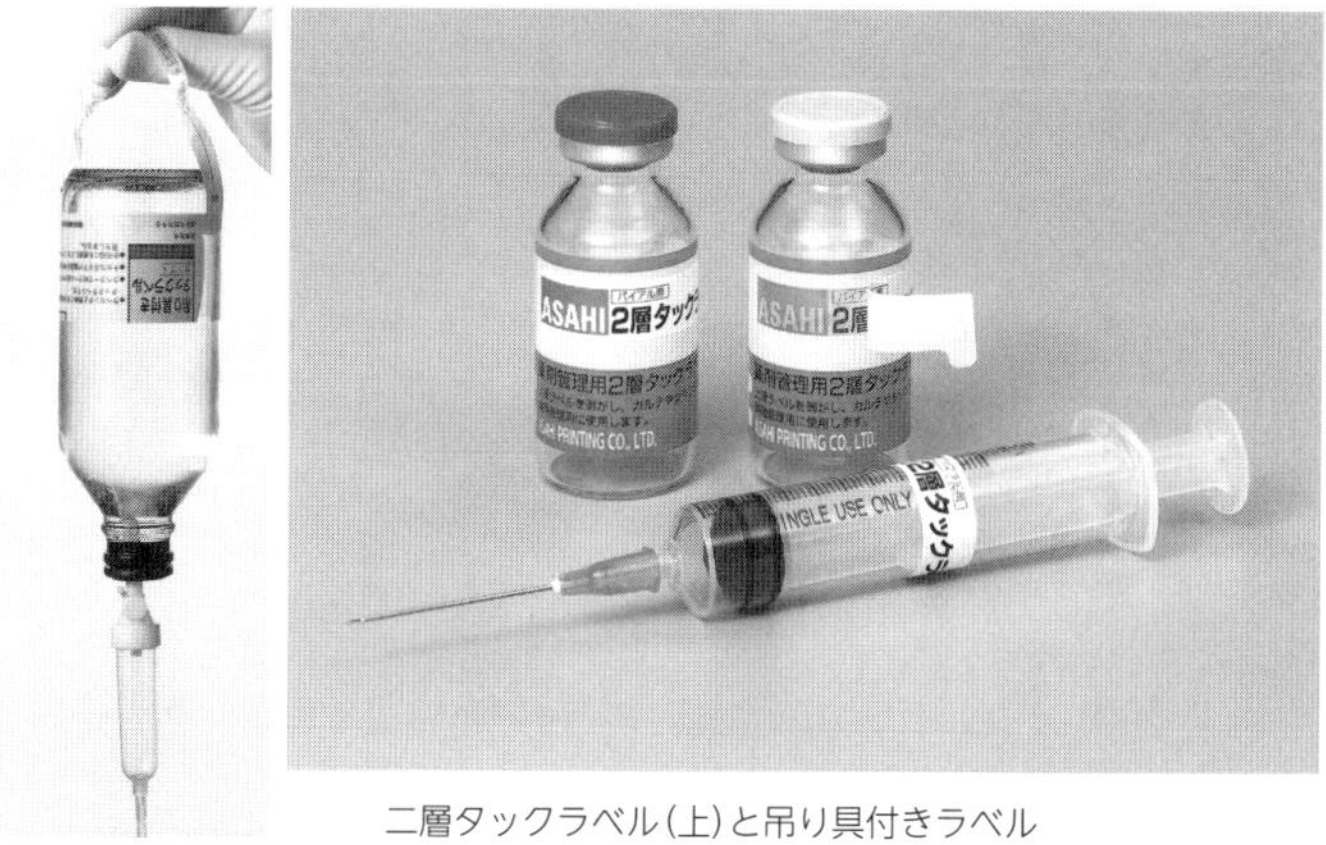

二層タックラベル(上)と吊り具付きラベル

行う。自動包装機械はパッケージの特性に合わせて機械メーカーと共同開発している。これによってさらに機能的な包材の開発が進み、精度の高い包装工程が実現された。トラブルを未然に防ぎ、万が一の場合の対応も迅速にできる。きめ細かくアフターフォローを行うことができるのも、営業拠点による地域密着型営業の成果だ。

●従業員から「子どもや孫も入社させたい」といわれる企業に

医学・薬学が高度化し、医薬品の開発も盛んになる一方である。当然、朝日印刷の受注量も増え続けている。もっとも全体に薬価が下がり、パッケージのコストも低減を迫られる傾向は否めない。ただし、医薬品や化粧品のパッケージには正確さと品質管理が欠かせない。一朝一夕に得られるノウハウではないから、朝日印刷のような特化した実績をもつ企業は今後も欠かせない存在といえる。

朝日印刷富山工場は、1989（平成元）年に竣工して以降、一般医薬品のパッケージを主に扱いながら、あらゆる印刷機能をもつ旗艦工場として機能している。同じ地域にある第二工場は医療用医薬

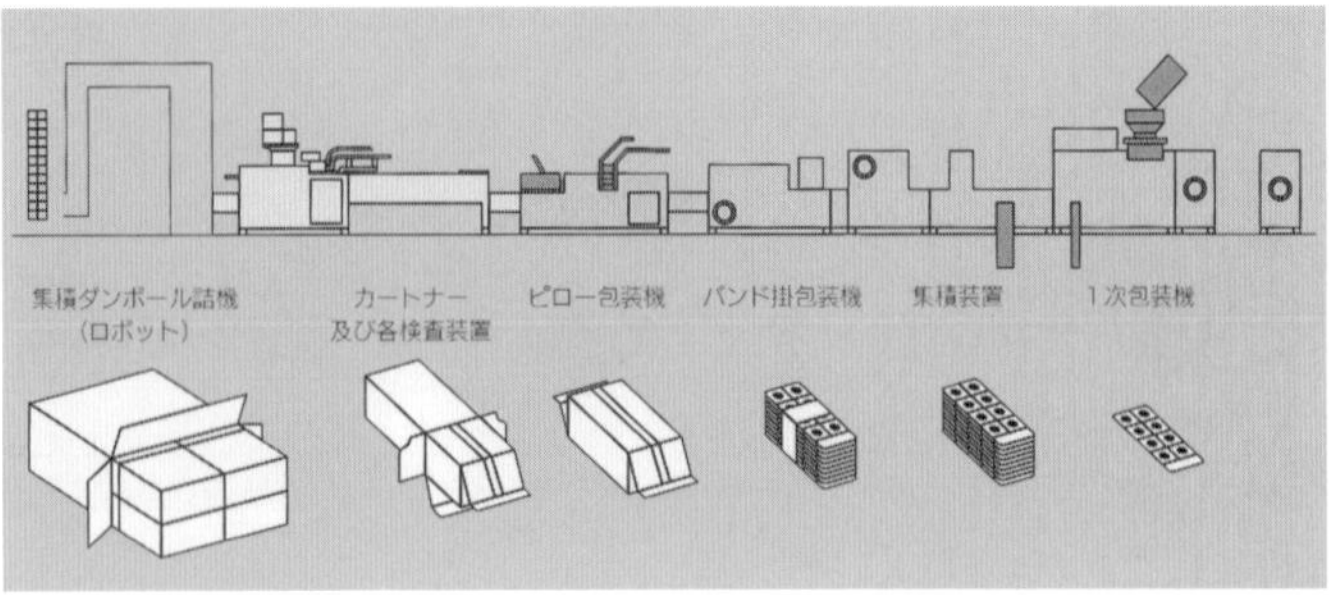

包装ラインの構築

品パッケージ、第三工場はラベル、東工場は化粧品パッケージ、南工場は添付文書と、扱うものを分けている。

工場が1か所にあるほうがやりやすい。だが、２０１５年に新工場を京都府木津川市のけいはんな学研都市木津南エリア内に開設、「京都クリエイティブパーク」と命名した。富山の工場敷地にはまだゆとりがあったのだが、天災・人災に備えてリスク分散も必要という判断だった。ここでは、主に関西以西へ出荷する医薬品パッケージの生産や新たな技術の創生研究を行う予定だ。

顧客のグローバル化の動きに迅速に対応することを考えてシンガポールに子会社「Asahi Printing Singapore」を設立し、東京支店内に海外事業開発室を開設したことも、朝日印刷の次代を見据えた動きの表れだ。今後はこの分野の人材育成などにも力を注いでいく。

業績好調に甘えることなく、次代の取り組みを進める濱社長は「ＡＤ２０１６計画（Asahi Dream Plan ２０１６）」を掲げ、Change For The Future！を合い言葉に、

京都府木津川市の朝日印刷「京都クリエイティブパーク」

①顧客満足、②経営体質変革、③従業員の連帯感醸成、④海外事業展開、⑤グループ経営力の構築、を推進する。医薬品関連の印刷物をつくる社会的責任を、社員全員と共有する連帯こそが、ミスのない製品を生み出しているのだろう。

濱社長は次の進出分野も模索している。食品市場だ。これからは食品表示も厳密さが要求されるようになっていくから、朝日印刷の強みが生きる分野だ。

「注文どおりの印刷をしてもお客さまから帰ってくるのは『ありがとう』の言葉でしかない。そのうえを行きましょう。『え！　そこまでやってくれるの』といわれる会社、お客さまに感動を与える会社になりましょう。これが広がっていけば、ぶっちぎりの会社になる」と濱社長はいう。そして「従業員が自分の子どもや孫を入社させたいと思う会社にしたい」と願っている。

このように機動力ある経営を尊び、常に次の戦略展開を考えていながらも、あたたかさや堅実さを失わないところも朝日印刷の魅力だ。機械・設備を充実し自動検査機能を導入しても、人の技術によるところが大きいと考えているので、人材教育に力を入れる。国家技能検定オフセット印刷技能士資格をはじめ紙器加工関連の技能検定の取得を奨励している。

採用は高卒、大卒合わせて毎年50人前後。首都圏の大学の就職説明会にも参加し、意図したわけではないが大学卒業者の２０１６年度採用は県内と県外がちょうど半々だった。それも、取引先に全国的な企業が多いことを思えば当然かもしれない。京都クリエイティブパークの稼働により、ますます商圏が拡大することも予想され、顧客ニーズに対応する人材の充実はさらなる発展につながる。

●トップレベルで貢献する最先端情報通信企業

富山駅北口にそびえ立つタワー111（インテックビル）、通称「タワートリプルワン」は株式会社インテックの本社所在地である。地上111m、22階建てのこのビルを、富山県民なら知らない人はいない。

インテックは情報システムのソリューションサービスを行ういわゆるシステム・インテグレータ（情報・通信サービスの企業）として日本有数の企業である。ICTコンサルティング、ソフトウェア開発、システム・インテグレーション、ネットワークサービスなどを提供する。

パソコンメーカーや電気・通信企業を親会社にもたない、独立系システム・インテグレータ大手で、富山という一地方から立ち上がり、最先端を走っている類のない企業だ。

現在は、本社ビルにはスカイホールやスカイギャラリーもあり、市民が親しむテナントも多く入っており、事業は東京本社（東京都江東区）が中心となりコントロールしている。金融や製造、流通、サービス、公共など幅広い分野の企業に多くの取引先をもち、東京本社には先端技術研究所、米国シリコンバレーには技術開発拠点「INTEC Innovative Technologies USA, Inc.」を設けている。

社名のINTECにはさまざまな意味がこめられている。

○INFORMATION TECHNOLOGY（情報技術）

増大するデータから価値ある情報を創造し提供する技術

○INTERNATIONAL TELE-COMMUNICATION（国際情報通信）

ナショナルからインターナショナルへ、グローバルな情報通信技術

○INTEGRATED TECHNOLOGY（システム技術）

未来を予見する情報技術をベースとし、各種各様な科学・工学を包括する技術などの略称であり、また、そうしたすべての分野に意欲的に取り組む集団として

○INTELLECTUAL ECHELON（創造的知的集団）

●１９６４年にコンピュータによるサービス事業を立ち上げる

インテックの歴史は１９６４（昭和39）年1月11日、株式会社富山計算センターの創立に始まる。1月11日はすなわちトリプルワン。インテックにはシンボル的な数字だ。

このときの「計算センター」は、企業や団体の在庫管理や経理事務の伝票をコンピュータで処理するところ。伝票のデータを紙のカードにパンチして、それをコンピュータにかけて計算するのだ。設立時の社員は全部で17人。そのうちの女性10人がカードに孔を空けるキーパンチャーという布陣だった。会社の帳簿を、外部の計算センターが預かって集計するというビジネスそのものが画期的だった。

創業者の金岡幸二《かなおかこうじ》氏は、祖父が富山市長や衆議院議員、参議院議員を務め、父が最高裁判所判事

を務めた名門石坂家に生まれた。幸二氏は先の大戦の経験から日本にも技術力が必要だと強く感じ、終戦後東京大学工学部計測工学科に入学、大学在学中にコンピュータと出会う。大学卒業後富山に戻り、富山財界の中でも大きな影響力をもっていた金岡家の養子となった。東京理科大学で統計学を教えていたほど学識が高く、先見性に優れた幸二氏は39歳の若さで富山計算センターを設立する。

「金岡家はもともと大きな薬種商です。薬種商時代の資本を元に、北陸で最初の電力会社富山電燈（現北陸電力）、富山第一銀行の前身である富山相互銀行、テイカ製薬など富山県の経済基盤の土台づくりを成し遂げ、他方、私財を育英事業に投じ、産業のみならず人材の育成にも貢献してまいりました」と語るのは、現在のインテックの金岡克己《かつき》会長である。

創業者　金岡幸二氏

創業に際して、社長には元北陸電力副社長だった西泰蔵氏を迎え、若い金岡幸二氏は代表権をもつ専務として技術面も経営面もすべてを担った。取締役メンバーには金岡又左衛門（富山相互銀行＝現富山第一銀行）、綿貫民輔（トナミ運輸、後に衆議院議長）、新田嗣治朗（日本海瓦斯）といったそうそうたる顔ぶれをそろえ、最初の受注は関係している大手企業から受けることができた。

●「コンピュータ・ユーティリティ」の社会を理想に

条件がそろったスタートは、幸二氏によって大きく伸長する。

「幸二はよほど1という数字が好きだったらしく、1月11日午前11時から創業開始し、インテックビルの高さも111mとした。公社系やメーカー系の子会社もいくつかあるので業界トップには立てないとしても、純粋な独立系で、地方から出たシステム・インテグレータが全国展開しグループ6000名規模になったのですから、これは間違いなくオンリーワンだと思います」(金岡会長)。

幸二氏は設立4か月にしてアメリカ視察に赴き、コンピュータ黎明期に世界初の真空管計算機ENIAC(エニアック)を製作した技師、ジョン・P・エッカートに会う。そこで「コンピュータ・ユーティリティ」という言葉を聴いて、自らの事業の目標を鮮明に意識する。「コンピュータシステムを一部の人が独占するのではなく、いつでも、どこでも、だれもが、自由に、その利益を受けられる。そんな情報社会の実現を目指す」と心に誓ったのだ。

「幸二は計算センター業の本質はなんだろうと考えたのではないでしょうか。そこで出たアイデアがエコノミー・オブ・スケール(規模の経済)。大量のデータを扱って処理コストを下げることが重要だ、と。急速に規模を拡大して、面的なカバーを進めたのは、コンピュータ・ユーティリティの思想に基づいていたのだと思います」(金岡会長)。

創業2年後には新潟センターを開設し、それからM&Aの手法も使いながら、北海道から福岡・

大分まで進出し、わずか10年間で全国展開を果たした。それにつれて、何台も大型コンピュータの購入を行い、社員数も急激に増加した。

外からは、富山計算センターにはバックに富山相互銀行がついているとか、県内の有力者が顧客になっていると囁かれもしたが、その構想はもっと高みにあった。後に教育事業を支援したのも、富山県市町村管理組合を株主に迎えて市町村の仕事をやるようになったのも、ネットワークへの進出が早かったのも、事業モデルにユーティリティ思想という軸を置いていたからだ。

●インテック躍進の1970年代、1980年代

富山計算センターは創業時から大企業並みの会社規程を設けていたので、社員の急増にもあわてることはなかった。創業まもない1966（昭和41）年には従業員相互の親睦を深める会「計和会」を発足させ、翌1967年には広報誌「広報計算センター」を刊行したりするなど企業としての陣容を整えた。

1970年には、社名を株式会社インテックに変更し、金岡幸二氏はここで初めて社長の座に就く。1972年の2月、東京・富山・新潟を結ぶ特定回線によるデータ伝送を開始。東京計算センターに大型コンピュータMELCOM7700を導入し、富山には行政事務センターを新設した。

この一連の展開の意味するところは現在ではわかりにくいかもしれない。1970年代以前、通信回線は日本電信電話公社（電電公社）に独占されており、民間で通信回線を設定することは許さ

れなかった。自社内の専用回線であればデータ伝送ができたが、企業間でデータをやりとりしたり、計算センターなどがオンラインでサービスしたりすることはできなかった。その状況をこじあけたのが、1971(昭和46)年の「特定通信回線のデータ通信の利用制限撤廃」である。つまり特定回線のオンラインデータ通信は認可制になった。それによって実現したインテックのデータ伝送開始だった。

翌1972年には電電公社の公衆通信回線サービスが開始された。これが通信回線開放の第1次であり、1985(昭和60)年の電電公社解散・日本電信電話株式会社(NTT)発足という通信民営化につながった。電電公社の独占だった通信事業の開放論の先頭に立ち、法改正を働きかけたのは、早くからコンピュータ・ユーティリティを提唱してきた金岡幸二氏だった。

郵政省の衛星利用パイロット計画に参加(1983年)
東京ビルの屋上に設置されていたパラボラアンテナ

1970年代後半から1980年代は、インテックがネットワークを使ったさまざまな事業展開を行い、業績を伸ばした時期だった。ことに1982年に解禁されたVAN（value added network＝付加価値通信網）を利用した事業を次々と増やしていった。

●進取の気性の技術立社、社員教育も社会的な役割をもつ

「インテックは技術立社。進取の気性に富み、新しい技術によって事業を創造するのは創業以来変わらぬ姿勢です」という金岡克己会長は、東京大学工学部卒業後は東芝で宇宙開発の研究に携わっていたのだが、1985年にインテックに入社すると、すぐに米国メリーランド大学コンピュータサイエンス大学院に留学して修士号を取得した。

金岡会長も金岡家の出身ではない。富山県出身ではあるが、18歳から10年も東京で暮らしていたので「実はインテックの社名すら知りませんでした」と苦笑する。専門分野が違ったうえに、インテックも当時は年間売上高300億円くらいの中堅企業だったのだから無理もない。

留学から戻った金岡会長は人事部に配属され、富山駅から車で40分ほどの富山市東黒牧の丘陵に大山研修センターを開設するプロジェクトに携わった。この研修センターは、社員研修、各種の専門的な研修、スポーツ大会など年間さまざまな行事に利用されている。その中でも重要なのが入社式を終えた新入社員が全員、1か月に及ぶ新人研修を受ける施設としての役割で、現在もこの研修スタイルは守られている。

「インテックのルーツである富山からスタートすることに意味があります。特に、われわれのようなＩＴの業界は、人間に役立つシステムをつくっているのですから、人間的な側面が仕事に反映されます。また、世界的な企業になればなるほど、会社のアイデンティティもしっかりもっている必要があります」（金岡会長）。

芝生を囲んでぐるっと宿泊棟３棟、研修棟、厚生棟の５棟が建ち、「思索の回廊」で結ばれている。宿泊棟は２人室と４人室があり、ホテルとしての設備を整えてある。実際、ふだんは外部にもホテル仕様のサービスと併せて貸出を行っている。ただし新人研修においては、エキストラベッドを入れて２人室は４人で、４人室は６人で使用する。最初から４人分、６人分のロッカーが備え付けてあるのだ。大浴場もあるし、床暖房の効いた談話スペースもあり、夕食後はお酒を飲みながら議論に花が咲くそうだ。

「若いときに集団生活を一度は経験しておくべきだというのが私の信念。研修内容は忘れても、合宿生活は記憶に残

インテック独自研修カリキュラム（インテックカレッジ）の拠点　大山研修センター

ります。いずれ社員は全世界に散らばって行きますが、何年たっても同期の絆が深く、仲がいいのも、この1か月のお陰ではないでしょうか」と金岡会長はいう。

開設は1990（平成2）年。同じ敷地内に同時に富山国際大学も開学している。教育に力を入れていた金岡幸二氏は当時、里山を開発して研究学園都市にすることを構想していたのだ。

●アット東京やパワー・アンド・ITで、日本のデータセンター事業に貢献

インテックが手がけたVAN事業は、食品業界や日用品雑貨業界、あるいは消費財メーカーとの協創によって実現した。中国、タイ、ベトナムにもグループ企業を設立した。ITだけではできない事業に取り組める、開かれた社風がある。

また、東京電力や北陸電力とデータセンター事業会社を設立するビッグプロジェクトにも取り組んでいる。東京電力とはアット東京、北陸電力とはパワー・アンド・ITである。データセンターは、インターネットサーバやデータ通信および電話などの装置を1か所で設置・運用し、重要

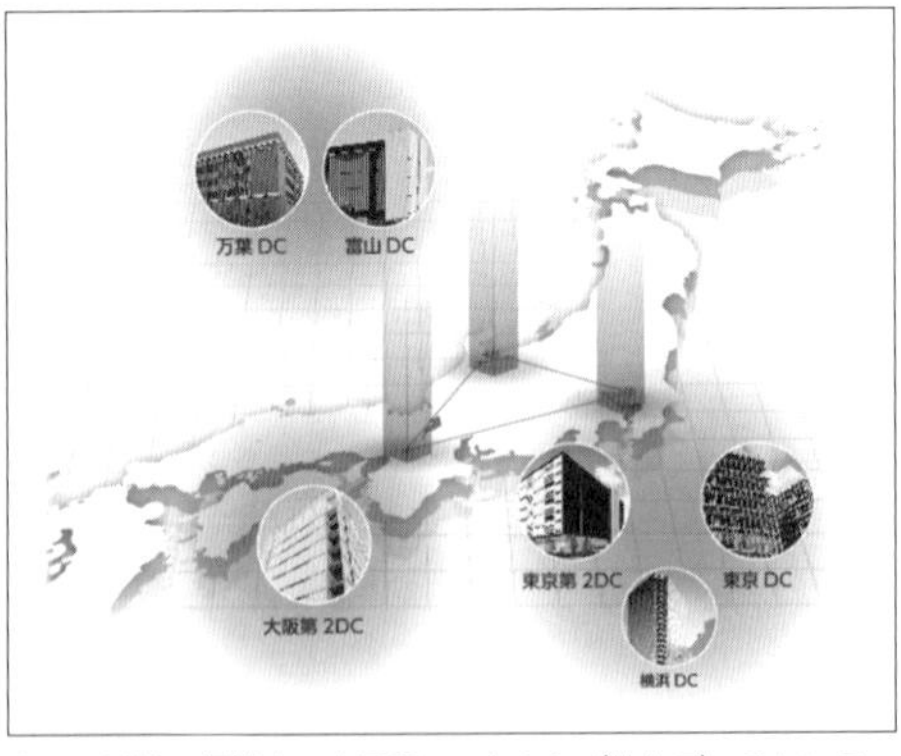

全国3地域で提供する高品質でフレキシブルなデータセンター
DC: データセンター

システムを支えるインフラである。堅牢な建物と自家発電装置などで災害時にも通信回線が利用不可能にならないだけの設備をもち、性能面、安全面、信頼面において日本の安全に備える役割を担う。

金岡会長は、2000年に設立されたデータセンター、株式会社アット東京の初代社長を務めた。グローバルハブとしての役割をもつ、この世界最大級のデータセンターは東京電力が中心になってつくり、インテックは第三位株主として参加したのだが、技術面の指揮をとるために金岡会長が社長に招請されたのだ。社長が東電以外から出ることも、44歳の若さも異例のことだった。

2012年には、インテックは首都圏、北陸、関西の3地域にあるデータセンターを接続し、各拠点で稼働するクラウドサービスを二重化した運用管理体制のもと、全国規模のひとつの仮想クラウドサービスとして提供する国内初のサービス「EINS WAVE（アインス ウェーブ）」の提供を開始した。

東日本大震災以降、自然災害が少ない富山のデータセンターは注目が高まり、事業継続にとって極めて有効になると、顧客からの評価は高い。社会システムとなった情報システムを提供する事業者として、インテックは顧客に安全と安心を提供し続けている。

現在、株式会社インテックは、TISインテックグ

金岡克己会長

ループの中核会社として、グループ企業約60社、2万人の社員をリードする企業に成長した。インテック単体の売上高は総額約１１７４億円（２０１６年3月期）。内訳はソフトウェア42・2％、システム・インテグレーション31・1％、アウトソーシング16・2％、ネットワーク10・5％の構成だ。独立系のトップ企業として堂々の実績であり、業界における地位も高い。消費者向けのＩＴ企業と違って大きなインフラを構築する企業なので地味にみえるが、さまざまな側面をもつ、おもしろさを秘めた企業だ。

金岡会長はいう。「50年前に提唱されたコンピュータ・ユーティリティの概念は、今、ようやく実現されてきたところです。これからこそ、いかにコンピュータを人間に役立てるのか知恵を働かせる、わくわくする時代です。にもかかわらず、就職にあたって学生が情報産業離れをするのはもったいない。さまざまな人の力が必要な時代はこれからです」。

インテックは人の移動が激しいＩＴ業界の中では退職率が低いことでも知られている。早くから「インテックファミリー」を標榜し、人を大切にする立場を鮮明にしてきた。企業は単なる利益集団ではなく、個人が成長し、自己実現を図る場でもある。ファミリーという言葉には、家族としての愛情と厳しさがこめられている。創業半世紀を超える会社として、定年までしっかり成長していくための組織・育成体制に自信をもつ。顧客とじっくり向き合う、自己成長とじっくり向き合う、新しい付加価値創造にじっくり挑む。これらは、大きな安定があるからこそ、思う存分チャレンジできる。インテックの挑戦の歴史はこれからも続いていく。

株式会社ゴールドウインテクニカルセンター

GOLDWIN TECHNICAL CENTER INC.

新しい技術を創造し、最新のものづくりで、
ゴールドウインブランドを支える

ゴールドウインテクニカルセンター

株式会社ゴールドウインテクニカルセンター(GTC)

設立　2003(平成13)年
事業内容　スポーツウエアの製造および研究開発
本社　〒932-0193 富山県小矢部市清沢230

●英国産羊毛を使用した登山用ソックスを布石に

株式会社ゴールドウインテクニカルセンター（GTC）は、スポーツアパレルメーカー「ゴールドウイン」のものづくりを支える研究開発センターである。

「スポーツ・ファースト」を掲げるゴールドウインのブランドおよび社名の由来はあまりにも有名だが、ここに改めて記しておこう。富山県小矢部《おやべ》市の津澤メリヤス製造所がゴールドウインブランド製品の生産を始めたのは1958（昭和33）年のことだ。創業当時はスポーツ関連としては登山用の毛糸ソックスや野球のストッキングなどを生産していただけだが、実は創業者西田東作氏はその6年も前から、スポーツウエアに着目していた。「多くのスポーツ選手たちにゴールドウイナーになってほしい」と願いを込めて、1963（昭和38）年に社名変更が行われ、翌1964年10月に開催された東京五輪では、女子バレーボール、男子体操、男子ウエイトリフティングなどゴールド

西田吉輝社長

ウインの提供したウエアを着用した金メダリストが続出した。「なんでも、体操の小野喬さんがニットの試合着をつくってくれるところを探しに北陸に来られたのがきっかけだったと聞いています。海外の選手はみなニットのロングパンツをはいて脚がスッと長くみえる、ああいうものがほしいという希望に先代が応えたようです」と話すのは東作氏の二男であり、ゴールドウインテクニカルセンターのトップ、西田吉輝社長。

五輪のウエア製作を引き受ける一方で、東作氏は1964年1月に、イタリアからデンマークへ至るヨーロッパ8か国を視察して、洗練されたスポーツウエアのファッションに着目していた。まず取り組んだのが、スキーセーターの生産。北欧のデザインを取り入れたゴールドウインのスキーセーターは流行を呼び、ゴールドウインのブランド知名度は飛躍的に伸びた。1968年のグルノーブル冬季五輪の日本選手団のウエアにもゴールドウインが採用された。

当時の技術は、ソックス生産で培ったメリヤスの丸編み技術に、ウールの横編みの職人が加わって開発された。そもそも登山用ソックスが評判を取ったのは、冬山に適した毛糸を使用したことに

ゴールドウインのスキーセーター
(1969年のカタログより)

あった。同じ輸入原糸でも、英国シェットランド地方の羊毛が良いことを突き止め、背中や足の部分の太い毛をソックスに使い、腹部の毛はセーターに使って、丈夫で温かい製品を生んだ。これは品質にこだわるゴールドウインの第一の布石だった。

●立体裁断のスキーウエア

最初の海外視察で東作氏はさらに大きな収穫の芽をつかんでいた。訪れたインスブルック冬季五輪で東作氏を魅了したのは、フランス選手団の着用するフザルプのスキーウエア。布地をはぎ合わせて運動時の伸縮に対応する立体裁断で、体にフィットし機能性に優れていた。各国の企業に混じって提携交渉を試みた東作氏だったが、当初は、オリジナルの型紙を外部に出すことはできないと拒絶された。しかし東作氏の思いは強く、1970（昭和45）年3月、ついにフザルプと技術提携が成立。日本でも、ヨーロッパのスキースーツと同じ布帛《ふはく》（木綿と絹を指す2字、転じて織物全般を指す言葉）のスキーウエアをつくる時代が来た。

ところが、ニット製品を生産してきた社内に職人は誰もいない。そのとき抜擢されたのが、今も技術主席とし

フザルプ販売当初のカタログより

て在籍する沼田喜四司氏だ。高岡工芸高校機械科を卒業して4年目だった沼田氏は編み機のメンテナンスを主に担当していた。それがいきなり、伸びない生地を使って立体裁断をするという未知の挑戦を課される。

「製造部長に呼ばれて『機械製図ができれば洋服の製図もできるやろ』と、無理やりです。まずは先輩の女性の横について洋服づくりのやり方を覚えましたが、フランスからデザイナーがやって来て『デザインをみたら頭の中で立体をイメージして、パターンを設計しなさい』と言われる。平面のものをどうやって立体にするのか想像もつかなくて、考えに考え、悩みに悩みました。そしてふっと思いついたのが、夜高行燈《よたかあんどん》です」。

69歳の今も新製品開発の先頭に立つ沼田喜四司技術主席。後進の指導にも情熱を注ぐ

夜高行燈とは竹で骨組みをつくった立体に和紙を張って絵を描く、青森県のねぶたに似た張り子で、小矢部には10mもある行燈をぶつけ合う祭がある。

「私は小学生の頃からこの行燈づくりを手伝っていて、おとなが描いたデザイン画ができあがると、夜、寝床の中で竹細工の工夫を考えたものでした。例えば大きな天狗の鼻を、竹ひごで輪を大中小とつくってつなぐ。立体裁断とはこれだと気がついたら『ああ、おれ、得意やよ』となりました。人体を輪切りで撮影するみたいにCTグラフィックスをイメージするのです」。

沼田氏は懐かしそうに語るが、試行錯誤の連続だったに違いない。

CADの導入は1977（昭和52）年だった。まだスポーツウエアに対応するシステムがなく、沼田氏はメーカーにいろいろと注文をつけた。「プログラマーが小矢部に派遣されてきて、4か月くらいかかったでしょうか、やっとシステムを完成させました」という。求める機械設備に徹底的にこだわる富山人らしいものづくりの面目躍如である。

沼田氏は「日本で初めてスポーツウエアに立体裁断を導入した」人物として2006（平成18）年に「現代の名工」（厚生労働大臣表彰）に選ばれている。これまでゴールドウインが引き受けたたくさんのアスリートや冒険家のウエアづくりに参画。ラグビーワールドカップの日本代表ジャージも2003年以来4大会連続で手がけた。古くは1979年の長谷川恒男グランドジョラス冬季単独登攀から三浦雄一郎の3回のエベレスト登頂時のウエアに至る登山家のサポート。ヨットの白石康次郎は2006－2007年のヨットレースのウエアをサポートし、2016年11月スタートのレースもサポートしている。

●ものづくりの原点は富山にあり

フザルプの製品を販売、普及するのではなく、その技術を取り入れて、ゴールドウインが日本人向けに製品をつくり、マーケティングも販売もする技術提携は、後のゴールドウイン発展に大きな意味をもった。

フザルプに続いてイタリアのエレッセ、米国のザ・ノース・フェイスとライセンス契約を結んだゴールドウインは、1979（昭和54）年に販売部門を分離して東京に本社を移転。同時に生産部門は新たに株式会社トヤマゴールドウインの設立をみた。

1980年代に入るとマリンウエアのヘリーハンセン、ダンスウエアのダンスキン等々スポーツウエアブランドとの契約は加速し、生産量は増大、自社工場と近隣の協力工場はフル稼働が続いた。1988（昭和63）年にはトヤマゴールドウイン新工場もできた。

時代に先駆けて決断していく東作氏について、西田社長は尊敬を込めて「すごい人でした」とい

▲ゴールドウインテクニカルセンターの工場
▶リペア・コーナー

う。「当時は販売していた製品のほぼ100％を国内生産していました。自社関連ブランドばかりではなく、アシックスさんと合弁でゴールドタイガーという会社を設立し、トレーニングウエアも生産していました。父は企業のトップの方々と親しく交流して、特にアシックスの創業者、鬼塚喜八郎さんから伺った企業経営の話はためになるとメモに書きとめていました。私は父からそのメモを貰い受けて今も大切にもっています。先代が事業を起こしたのも、家族や親せき、地域の人たちの生活を支えるためでしたから、今でも、一丸となって働いてきた昔からのつながりを社員に伝えるようにしています」（西田社長）。

小矢部を中心に多彩なブランド製品を量産していた時代は1990年代で終わる。バブル経済が崩壊して高額商品の売上が落ちると、生産を海外に移さなければ採算が合わなくなったのだ。

生産工場としての役目を終えたトヤマゴールドウインは2003（平成15）年に新会社ゴールドウインテクニカルセンターとして生まれ変わった。

現在、生産は中国やベトナム、タイ、ミャンマーなどの協力企業に委ねているが、20あるブランドの「生産の原型」はすべて小矢部のGTCでつくられている。20ブランドの新製品を毎年平均して2000種開発する。それを工場で流すプロダクトラインに近い状態で試作して、生産工程と要する時間の設計図を作成し、それを海外の工場へ渡す。また、日本チームのユニフォームや最新素材や最新技術を駆使する特殊なものは最初から最後まで一貫してGTCでつくる。それによってGTCの技術力が進化し続ける面もある。

「そのためにGTCでは商品開発・設計・縫製部門に200人以上が就労して、毎日製品をつくっています。海外工場でも、同じようにつくってもらわないといけないので、現地へ指導にも出向いてもらいます。やはり、ものづくりの基本をこちらがもっていないと、万一不良が起きた場合でも原因を解明できません。技術の根幹は絶対に日本でもっていないといけないと考えています」(西田社長)。

●スポーツマインドをもったライフスタイルに合うファッション

自社ブランドも含めてゴールドウインが扱ってきたブランドの累計展開数は54にのぼる。海外ブランドには盛衰があり、エレッセはスキーからテニスウエアに移り、ザ・ノース・フェイスは現在は日本と韓国の商標権をゴールドウインが所有している。

エレッセの洗練されたポロシャツは街着としても女性たちの人気を集めている。学生ばかりか社会人もカジュアルな服装が増え、アウトドア人気の高まりもあってザ・ノース・フェイスのパーカーやザックを普段使いにする人も多くなった。

「世の中全体がスポーツのマインドをライフスタイルに取り込むようになりました。学校や職場だけではなく気軽にスポーツやアウトドアライフを楽しむ。健康への関心の高まりからスポーツジムも人気が高い。それにつれてゴールドウインでもスポーツマインドをもちながらファッション性の高いウエアをつくるようになりました。年齢によってボディラインが変化する女性にはそれぞれに合わせたフィットネスウエアが好まれるようです。こうした工夫は文化服装学院の協力を得て実現しています」と西田社長。ザ・ノース・フェイスは1978（昭和53）年に販売開始当初よりライフタイムギャランティー（生涯保証）を行っている。富山のGTCの工場の一画にはリペア・コーナーがあり、ユーザーから送られてくるウエアを修理する。通常の使用で破損などが起きたものはその程度によって基準価格が設定されているが、それ以外の古いものを思い出の品だから使い続けたいといった要望にも対応する。すでにまったく同じ生地がなくても似た素材で目立たなくしたり、思い切ったパッチワークでデザイン性を加味したりと、工夫して修理するという。修理を通してどういった点が長く愛用されている要素なのか、使い勝手がよくないところはないかがみえてくるので、GTCにとっては大事な情報なのだ。

●新機能、新素材を生かす新製品開発に取り組む

研究開発もGTCを拠点にしている。例えば競技中の心拍や体温、かかった衝撃などを計測して、生体情報をリアルタイムでコーチが把握できるデバイス付きウエアの開発が進んでいる。それによって個々の選手の疲労の蓄積具合がわかったりするのでゲーム中の戦略にも役立つ時代がくるかもしれない。その先には、障がい者や高齢者の運動機能の補助や健康管理にも役立つことが予想される。

こうした開発は今に始まったことではない。着圧が身体を良いコンディションに導くスポーツウエア「C3fit（シースリーフィット）」、宇宙飛行士向けに開発された技術を生かした、汗の臭いと加齢臭を消臭する機能と吸汗速乾機能をもつアンダーウエア「MXP（エムエックスピー）」、ユー

カリの木を原料とした「指定外繊維」に、ナノテクノロジーで加工されたカルボキシル（-COOH）が作用してアンモニア臭を中和する「マキシフレッシュ」などのヒット商品を生んでいる。それらは、スポーツ用から一般用、医療用へと用途を広げ、ゴールドウインのオリジナルブランドとして定着している。

先端の新素材を扱うことも多い。新素材を縫製して実用のウエアにする技術が、ＧＴＣに求められる。２０１５年に試作品が発表されて大きな話題を呼んだＱＭＯＮＯＳ™（クモノス）製の「ムーンパーカ」は、バイオベンチャーSpiberがパートナー。タンパク質由来の人工合成クモ糸でつくられた素材は環境性と機能性を併せもつ夢の素材で、２０１７年以降の実用化が見込まれている。

「われわれは、どこかでとんがって、一歩先だったり、違うものを発想していかなければいけない使命があります。知恵を集めて新しいものをつくる。ＧＴＣは伝統的な技術を継承しながらも、常に新しい技術を創造し、さらに最新のものづくりに挑戦する場所です。ここには67年の技術の系譜がありますし、手に技術をもっている人たちもいます。毎年招聘している外部の講師や先生、沼田さんのような知見をもった人たちから、若い世代がたくさんのものを吸収してほしい。両者を融合させて、新たな技術を創造し、継承

人工合成クモ糸を使ったムーンパーカ

をしていくのが、私の役割だと思っています」と西田社長は未来を描く。

西田社長は3人兄弟の真ん中。長兄明男氏が株式会社ゴールドウインの社長、末弟勉氏が韓国での展開を担当している。西田社長がGTCに就任したのは2009（平成21）年。事業も上向き、新素材を使う高機能のものづくりの新たな製品開発が始まった時期で、GTCは改めて人材が必要になっていた。まず1人目は文化服装学院出身のパタンナーを採用した。以来縫製部門5人、パターンや設計、開発部門5人を、毎年採用している。縫製は県内の女性が主だが、開発には理工系の大学や大学院卒のものづくりに意欲のある人たちが全国から集まる。

新製品開発では富山県生活工学研究所や信州大学繊維学部ともコラボレーションしている。「社員には自分でやりたいことがはっきりしていることを求めます。テニスウエアをつくりたいとか、新しいスポーツ機能を開発したいとか。といっても、入社して1年間は全員が工場の縫製ラインを経験します。まず縫製とは何かを知ってもらうためです。若いときは自分の好きなことだけやりたいと思いがちですが、本人の希望が途中で変わる人もいます。辛抱して仕事をしていくなかでほんとうにやりたいことが見つかる場合もあるのです」（西田社長）。

西田社長はスポーツ万能。スキーもテニスもゴルフも水泳もエンジョイするのは2つの理由がある。ひとつはスポーツウエアづくりのセンスを養うため、もうひとつは社員たちの間でスポーツが盛んになるようにという願いからだ。ゴールドウインの本店とGTC本社および本社工場を置く小矢部は、ゴールドウインが掲げる「スポーツ・ファースト」を実践するのに最適な拠である。

●高度な技術力を誇るアルミ建材のトップメーカー

日本の表玄関である東京駅丸の内駅舎は、足かけ8年に及ぶ長期プロジェクトである歴史的復原工事が完了して2012年10月にグランドオープンした。1914（大正3）年に辰野金吾によって創建された当時そのままの南北に2つのドームが聳える赤れんが造りの堂々たる姿を目にすることができる。だが、この東京駅駅舎の窓が実はアルミサッシだと気づく人はどれくらいいるだろうか。

この木の窓枠と見まがうようなアルミサッシをつくったのが三協立山株式会社の建材事業を担う三協アルミ社だ。同駅舎には三協アルミのビル建材「東京駅専用ビル用サッシ」が全面採用されている。

東京駅丸の内駅舎保存・復原工事にあたっては、「駅舎の姿を創建当時の姿に戻すこと」「重要文化財としての価値を損なわず、修復すること」「今後100年先まで活用する施設となること」の3点が基本方針とされ、窓も創建当時の「木の風合い」をアルミで復原することが同社に課せられた。

しかし、復原しようにも現存する手本はない。そのた

山下清胤代表取締役社長

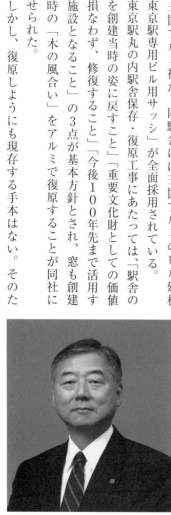

め、唯一残っていた断面図や古い写真、絵葉書から窓の大きさ・形状を確認。辰野金吾が東京駅舎を創建する前に設計した岩手銀行（旧盛岡銀行）の視察を行い、窓種、窓の外観姿・内観姿、使用されている金具、框《かまち》（窓周囲の枠）の調査や窓の上げ下げの仕組み・構造を確認して製品イメージを確立していった。

復原で細心の注意を払ったのが色や表面の風合いである。白色から若干色落ちしている風合いが求められた。サッシの表面を当時の木の風合いに近づけるため、そしてツルツルでもなくザラザラでもない状態にするためには試行錯誤の連続だった。表面処理に用いられたフッ素樹脂塗装では埃が少しでも付着すれば表面が盛り上がる。納得のいく色、風合いが出せるまで塗装ラインの現場も取り組んだという。

こうして同社の技術の粋を結集し、生産、設計

修理・復原された東京駅丸の内駅舎。窓をアルミで復原

写真 相互企画印刷・石原洋一

の部門、生産ラインや現場の施工担当スタッフが重要文化財をつくるという意気込みで取り組み、見事に復原に成功した。なお、窓を装飾するアルミ製鋳物も同社製である。

●「地元に働き良い職場をつくりたい」との創業者の思いから出発

三協立山の前身は、1960（昭和35）年6月に創業者竹平政太郎《たけひらまさたろう》氏が設立した三協アルミニウム工業である。

竹平政太郎氏の足跡を辿ることは、富山県のアルミニウム産業の歩みを辿ることともいえる。政太郎氏は1908（明治41）年、西砺波郡福田村辻（現高岡市辻）に小作農の3人兄弟の長男として誕生。11歳のときに父が急死し、多額の借金を背負った。

今の人からみると驚くべきことだが、12歳のとき、農村の窮状を救うべく「工業人」宣言をして「地元に働き良い職場をつくりたい」との志を立てたという。そして、工場経営を学ぶため、高岡の小林銅器着色所で丁稚修行に入り、1928（昭和3）年19歳で独立、「竹平着色所」を設立した。

1935（昭和10）年26歳のとき、軍需資材の需要増に

創業者 竹平政太郎氏

よりアルミ工業が発展しているのをみて、その将来性を確信しアルミ加工業への進出を決意。30歳のとき「竹平製作所」を設立、アルミ鋳造による鍋・釜の製造を開始した。

しかし、戦局が悪化した1943（昭和18）年、竹平製作所を含む高岡市内の主要6社が合同して戦時統合会社「北陸軽金属」がつくられた。政太郎氏は取締役に就任する。

敗戦後も、政太郎氏は残る従業員のことを考え、北陸軽金属に残り経営にあたった。1948年頃には戦後のもの不足から飛ぶように売れた鍋・釜ブームにも陰りがみえ、戦後のデフレにより経営危機に陥り、政太郎氏は経営再建に取り組む。

1950（昭和25）年、朝鮮戦争の特需ブームにより業績が急速に回復。1951年政太郎氏は専務取締役に就任。北陸軽金属は、弁当箱、洗面器、バケツなどの板もの製品に続き、アルミ瓦、ルーバー、パネルなどの建材、アルミ製魚函などの流通資材を次々に発売。1958年には日用品部門で全国生産量17％のトップメーカーとなった。特需ブームの終焉を見越していた政太郎氏は、「企業が発展していくためには社会が要求する質の良い製品を安くつくれる生産体制を固めなければならない」と考え、積極的な設備投資や新製品開発に取り組み、同社の発展に貢献した。

1957年に北陸軽金属は日本軽金属の系列に入った。当時の日本軽金属の経営施策は「利益第一義」で政太郎氏が理想とする「消費者第一義、かつ地域社会への貢献第一義」とは経営思想が異なっていた。北陸軽金属の人員整理を危惧した政太郎氏は、受け皿となる会社をつくる決意をする。

1960（昭和35）年51歳の政太郎氏は北陸軽金属を退社。同年6月「三協アルミニウム工業」

を設立した。資本金2000万円、従業員5名での船出であった。そのとき定めたのが次の「3つの基本理念」である。

一、高岡のアルミ産地化を経営の根本理念とする
一、地元、得意先、従業員の三者協力で企業を伸ばしていきたい
一、北陸軽金属とも密接な関係を保っていきたい

基本理念のひとつである「三者協力」が社名の由来である。

十分な資金が得られないままのスタートだったが、地域経済の発展を願う誠実な人柄の政太郎氏に、援助の手を差しのべる多くの人々がいた。

同年9月には、全国に販売網をもつ有力銅器問屋が三協アルミの製品販売促進組織「三協会」を結成。10月には弟の竹平栄次氏が経営していた「立山アルミニウム工業（1948年創業）」の協力を得て「サンキョーなべ」を発売した。立山アルミニウムの立山は富山の名峰立山にちなんでいる。

当時すでに政太郎氏は、アルミの需要構造の変化を予測し、アルミ建材の将来性に着目していた。設立の理念に掲げた高岡のアルミ産地化構想を進めるためにも、従来の器物に固執してはいけないとアルミサッシの試作に取りかかった。1961年4月に建材専用工場（本社工場）を建設。1962年には米軍住宅用サッシの大量受注に成功した。

1964年には「高岡アルミニウム懇話会」を発足、政太郎氏は会長に就任した。アルミ精錬メーカーの富山新港臨海工業地帯への誘致構想を打ち出し、誘致運動にも全力投球した。

1965年には、当時北陸最大規模の佐加野工場第1期工事完成。1966年にはグループ企業として、アルミ地金の再生ビレット（押出用に調整された鋳塊）生産を行う「立山合金工業」、1969年には、同じく、アルミサッシ用形材生産を行う「富山軽金属工業（現射水工場）」をそれぞれ設立した。そして、1970（昭和45）年に住友化学が富山新港臨海工業地帯にアルミ精錬工場を建設し、ここにアルミ精錬から鋳造、押出、加工までの産地化が実現した。

1967年の佐加野工場完成以降、第2工場（現高岡工場）、福光工場と、同社は相次いで工場を建設していったが、政太郎氏はあえて県内の農村部に工場を置いた。それは農村の人々を雇用することによって人口流出に歯止めをかけ、地域経済に寄与するためだった。しかも工場施設は、省力と省エネの思想を織り込んだ高度で大規模なものだった。

三協アルミは当時、5工場を県西部地域に配置。傘下に立山合金、富山軽金属工業、協立アルミそのほかからなるグループ企業を擁した。少年政太郎の「ふるさとに雇用の場をつくる」という志は三協アルミグループの形成という形で実を結んだ。

また、高岡アルミ産地化構想も実現。現在、富山県は三協立山をはじめYKK APやLIXILなど多くのアルミ建材メーカーの工場が集積しており、アルミサッシの出荷額ではシェア44・2％と全国一となっている（2012年）。

三協立山では、創業の原点である「お得意先」「地域社会」「社員」の三者協業の精神に基づいた次のような経営理念を定めている。

「お得意先・地域社会・社員の協業のもと、新しい価値を創造し、お客様への喜びと満足の提供を通じて、豊かな暮らしの実現に貢献します」。
山下清胤《やましたきよつぐ》社長は、「私たちの使命は、商品・サービスをはじめ、さまざまな企業活動を通じて、人々が暮らす快適な空間と満足される生活づくりに貢献していくことであり、そこに企業としての存在意義がある」としている。

●社内カンパニー制で事業展開

三協アルミニウム工業は、政太郎氏の実弟栄次氏の創業した立山アルミニウム工業とは長年、文字どおり兄弟会社の関係にあった。2003(平成15)年、両社は経営統合し「三協・立山ホールディングス」を設立。三協アルミと立山アルミが合併した三協立山アルミ(2006年設立)は、子会社の三協マテリアル株式会社とタテヤマアドバンス株式会社を吸収合併し「三協立山株式会社」となり、2012年12月三協・立山ホールディングスを合併、東京証券取引所市場第一部に上場した。

三協立山は、社内カンパニー制を導入。建材事業の三協アルミ社、マテリアル事業の三協マテリアル社、商業施設事業のタテヤマアドバンス社の社内カンパニー3社からなる企業グループとなった。

社内カンパニー制により、意思決定のスピード化や製品開発の効率化を図るとともに、より一層の経営の合理化を推進している。なお、新卒採用は三協立山で一括採用し、各事業へ配属する。

三協アルミの建材事業は、ビル事業、STER(Sankyo Tateyama Eco & Remodeling)事業、

住宅事業、エクステリア事業からなる。

「ビル事業」ではカーテンウォールや手すりなどオフィスビルや集合住宅向けのビル建材の製造・販売を、「STER事業」では省エネルギーに貢献する断熱性の高い建材や短工期・低コストの改装システムの開発など循環型社会の実現に資する集合住宅・ビルの改装を、「住宅事業」では「ひとにやさしい」「地球にやさしい」「安全・安心」をコンセプトにした各種サッシ、ドア、インテリアシステムなどの製品の製造・販売を、「エクステリア事業」ではガーデンテラス、カーポート、通路シェルターなど屋外空間を演出する製品の製造・販売を各々事業内容としている。

三協マテリアルのマテリアル事業では、非鉄金属素材であるアルミニウム、マグネシウム合金の鋳造・押出形材を中心に、輸送・電気機器、産業機械の部材などの多様な用途に合わせた製品を生産している。鋳造―押出―被膜―加工までの一貫生産体制を確立し、高精度・大型形材・精密加工への対応力を活かし、環境・省エネルギー分野の製品開拓を目指している。

タテヤマアドバンスは、商業施設、サイン、ショップサービスの事業展開と、最先端の技術を融合させた製品を通して、人と自然に優しい快適な商業空間の創造を目指している。商業施設（ショッピングセンター、

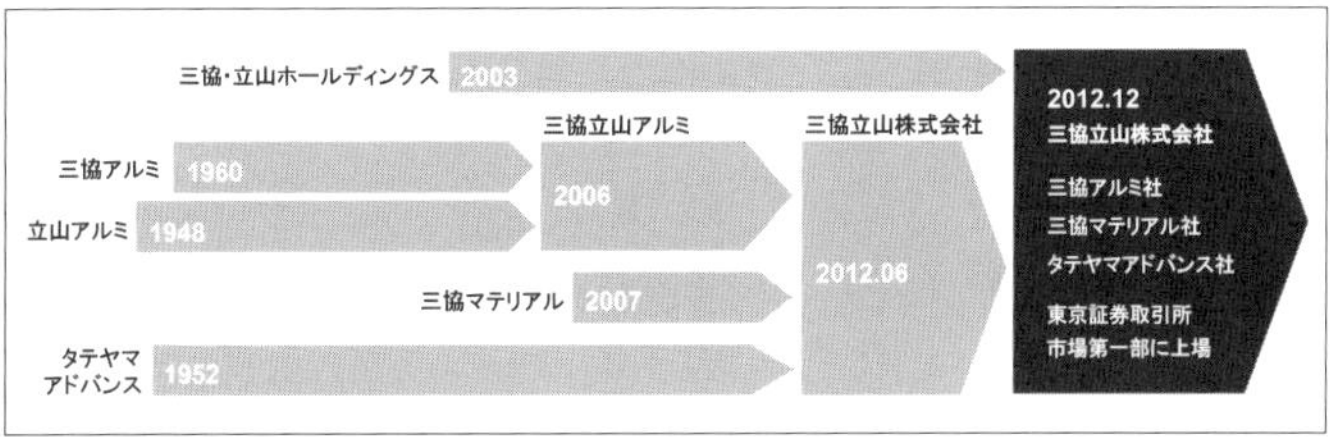

三協立山株式会社の沿革

コンビニエンスストア、専門店など）や企業向けの商品陳列什器、カウンター、ショーケースなどや看板・サインなどの屋外広告物の製造・販売はもちろん、出店構想からオープンまでのトータルプランニング、内外装デザインの設計・施工、什器・サインシステム・メンテナンスサービスの提供を行っている。

また、三協立山では国際事業として、欧州・中国・タイにある海外拠点でアルミニウムの鋳造・押出・加工を行い、高付加価値製品を提供している。

現在の売上構成比は、建材事業63％、マテリアル事業13％、商業施設事業11％、国際事業14％となっている（２０１６年5月期）。

●「環境技術」を成長の原動力に

三協立山では、２０１１年に、２０２０年を最終年度とする長期計画「ＶＩＳＩＯＮ ２０２０」を策定した（売上高４０００億円以上を２０２０年5月期目標とする）。

「Life with Green Technology ～環境技術でひらく、豊かな暮らし～」をブランドメッセージとして、次のような理念を掲げている。

・新しい価値創造に挑み、地球環境と人々の暮らしの質向上に貢献する。
・日本で培った技術をベースとし、グローバルな事業展開を図る。
・事業活動での環境調和をより進め、継続して社会に貢献する。

そして、「VISION 2020」実現のため「攻めに軸足を移し」(山下社長)、①改装・リフォーム事業の強化、②非建材事業の強化、③海外展開、の3つの基本戦略に取り組んでいる。ブランドメッセージの「Green Technology」とは環境技術のこと。省エネ、再生可能（自然）エネルギー使用、CO_2などの温室効果ガス排出削減、水質汚濁防止などの「地球環境の改善にかかわるあらゆる技術」を意味している。

同社では「環境技術」によるさまざまな優れた製品が生み出されている。

三協アルミでは、ビル用自然換気システム「ARM-S@NAV」を開発。同システムは独自技術で壁に沿って流れる自然の風を捉えて建物に取り込み、「風力」「重力（温度差によって生じる気圧差）」を利用して効率的な換気を行う自然換気商品群だ。ちなみにNAV（ナビ）とは、Natural Air Ventilationの略。同商品は、FIX窓が多用されることの多いビルという閉鎖空間の中で機械に頼らず自然風を利用して呼吸する建築を可能にした点などが大きく評価され、2012年グッドデザイン金賞を受賞。さらに、ドイツのiFデザイン賞2014も受賞、東京都品川区にあるタイ王国大使館にも採用されている。

三協マテリアルでは、約2年間の試行錯誤を経て2015年に風力発電用ブレードをアルミ押出成型で製作することに成功した。風力発電用の軽くて強いブレードを実現するため、薄さの限界に挑戦。その結果、部材の厚みは1・3ミリの薄さになった。アルミ押出成型は、従来のリベット接合による製法に比べて、部材の組み立てが容易なうえ、表面が平滑となり空力性能も向上した。

新分野への挑戦として三協マテリアルでは、次世代高速車両を研究する「革新的新構造材料等研究開発」プロジェクトに参画。次世代高速車両へのマグネシウムの適用可能性を研究している。現行の新幹線の車両構体にはアルミ合金が使われているが、マグネシウムはアルミと比べて3分の2の重量。マグネシウム合金による軽量化が成功すれば、消費電力の削減、燃費向上、スピードアップのほか、騒音、振動対策への効果も期待される。そして、このマグネシウム合金を車両構体のサイズで押し出す技術は、国内では同社しか有していない。

タテヤマアドバンスでは、ＬＥＤを光源として使用したサインの商品化を積極的に展開している。現在、パナソニック株式会社のLinkRay（光ＩＤ）の技術を組み込んだ商品も開発中。これは、光の点滅を使って情報を伝える可視光通信技術のひとつであり、ＩＤ信号をスマートフォンで読み取ることで、例えば交通案内や店舗・商品に関する情報・コンテンツを表示することができる。２０２０年東京オリンピックなどに向けて需要が高まることが期待される。

三協立山は、「環境技術」を軸として地球環境と暮らしの質向上を実現する「新しい価値の創造」に挑戦している。

「ARM-S@NAV」(窓の縦桟)を採用しているタイ王国大使館

ジャパンパック株式会社

Japanpack Co.,Ltd.

企業やユーザーのみえない「不自由」を
解決する段ボール革命

道を挟んで2棟に分かれる本社工場

ジャパンパック株式会社

創立　1999(平成11)年1月2日

事業内容　オリジナル機能性段ボールの開発・製造・販売
独自技術の提案による、包装・梱包の改善

本社・工場　〒936-0806 富山県滑川市北野188

●54歳で花開いた若き日の工場修行

ジャパンパック株式会社の長田《ながた》宏泰《ひろやす》社長は、魚津市の出身。１９６５（昭和40）年、高校を卒業して地元のＹＫＫ（当時は吉田工業株式会社）に就職したが、しばらくして義理の叔父である旭ダンボール工業所の社長、石崎由夫《よしお》氏から来ないかと誘われる。長田氏の母と石崎氏の夫人が姉妹という関係だった。長田氏は赤子のときに父を戦争で失って、母と姉の３人家族だった。東京に本社を置く大企業のＹＫＫは安定した勤め先だったが、親戚ということもあり、これから成長する会社に希望をもった長田氏は転身を決める。決断するやいなや長田氏は、修業のために高岡の段ボールメーカー北陸紙器に身を寄せ、１年余りほとんど工場の宿直室に泊まり込んで、段ボール加工の機械操作、組み立て、印刷などすべてを実地に学んだ。後になってみれば、このとき得た段ボール紙器に関する基本的な理解と技術が、長田氏の将来を決めたといえる。

60年代後半の日本はいざなぎ景気に沸き、梱包材は木箱から段ボールに替わって急速に普及し始めた時期だ。長田氏が入社した後、旭ダンボールはＹＫＫから受注するファスナーの梱包材製造が大きく成長し、長田氏はそれを任されるようになった。

一方で石崎氏は、社名を石崎産業に変え、新たにサッシ生産にも事業を拡げていった。その矢先に、最大顧客のＹＫＫからの段ボール受注が激減する危機が訪れる。石崎氏は新しい事業として産業廃棄物回収・リサイクル事業に取り組む。そのときの「従業員を失業させないためには仕事をつくる」という経営姿勢に、長田氏は大きな感銘を受けたという。

幸い廃棄物処理法（1971年施行）に後押しされて、会社は成長力を取り戻し、長田氏は専務として会社を支え続けたが、次第に段ボール事業における長田氏の考えと、会社の方向性は乖離し始める。段ボール生産は、現在は1分間に450m、当時でも280mもの段ボールシート（原紙）をつくる新型機械が登場する時代を迎えていたため、会社も設備投資をして段ボール原紙と一定の規格の函を大量生産する方向に向かっていたのだ。

その中にあって、長田氏は同じ段ボール容器でもオリジナル製品の開発に活路を見出そうとしていた。もともと手先が器用でものづくりが好きで、高校進学の際も工業高校を選んだくらいだ。生産性は低くても、工夫を凝らして、顧客のリクエストに応えることに喜びを感じていた。石﨑氏が会長職に退いた後も、「人と同じことをしていてはだめ」と教えられた言葉を大切に考えていた。

長田宏泰社長。左の額は長田社長撮影の写真
段ボール製の額縁に収めている

石﨑氏が亡くなったことが契機となり、ついに長田氏は54歳にして、35年間勤めた会社を辞め、独立起業の道を選ぶ。1999（平成11）年1月、ジャパンパック株式会社の誕生だ。

●困っていることを、解決する製品を提供する

「定年まで勤めを全うするより、おもしろい仕事をやりたかったのです」と長田社長は当時を振り返る。「発明されて100年以上の歴史をもちながら、可能性が無限に広がる段ボールという素材には魅力があります。梱包材は近くで定量的に調達したい商品ですから、県内企業の需要はまだまだ伸びると思いました」。

世界に通用する製品をつくる意気込みを込めて、社名は「ジャパンパック」とした。事業を始めると聞いて最初は驚いた京子夫人も、いざ会

工場の作業風景

社が動き出すと毎日出勤して一緒に働いてくれた。長田社長の最大の理解者であり、家業を盛り立てる働き者の富山女性だ。

すでに段ボール原紙は耐水・強化・プレプリント・美粧などのタイプがつくられていて、段ボール容器も多様化して成熟期に入ったかにみえた段ボール業界だったが、流通の変化やインターネットによる購買行動の変化により、家電製品、ＩＴ製品、飲料、冷蔵・冷凍食品などの梱包に新たな需要が生まれ始めていた。

段ボール材には、①強い、②軽い、③組み立ておよび折り畳みが簡単、④リサイクルできる、⑤廃棄物を減らせるというメリットがある。この優れた素材を扱いやすい容器にして、事業者にも作業現場にも喜ばれる製品を提供するのが、長田社長の願いだ。それには段ボール容器への不満、言い換えれば潜在ニーズを見つけ出すことだ。「困っていることを発見することから始めよう」と考えた長田社長は、一般的な梱包材を仕入れて販売する営業をしながら、地元の企業訪問を重ねた。設立から2年近くが過ぎたある日、根気よく訪問を重ねていたある訪問先で、使い終わった接着剤の容器の処理が面倒くさいという話を聞いた。

業務用接着剤は18リットル入りのスチール缶に入っていた。使用後の空き缶は、洗えば廃液が出る、つぶせば残っている接着剤がはみ出してべとべとになるという難点があり、接着剤メーカーは空き缶を回収するのが業界の常識だった。

そこで「接着剤を入れる18リットル缶を段ボールでつくろう！」と長田社長は思い立つ。

●液体を入れる段ボール容器「Nパック」の誕生

試作品を数えきれないほどつくり、試行錯誤の末に、畳まれている段ボール函を組み立てると、自動的に内袋が内壁をつくり、液体を入れることができる容器が完成した。空になったら内袋を取り外し、接着剤でべとつく内袋は産業廃棄物として処理する。外函は畳んでリサイクルへ回す。内袋は強度の強いポリエチレンなどを使用し、使用後簡単に取り外せる工夫もした。この液体用段ボール容器は「Nパック」と命名した。

使用する現場から取り扱いやすいと好評を博し、廃棄物を減らし、空き缶回収コストも削減できるNパックは、接着剤メーカーにとっては願ってもない容器だった。大手各社から、注文が舞い込み、要望に応じて注ぎ口や持ち手も工夫した。

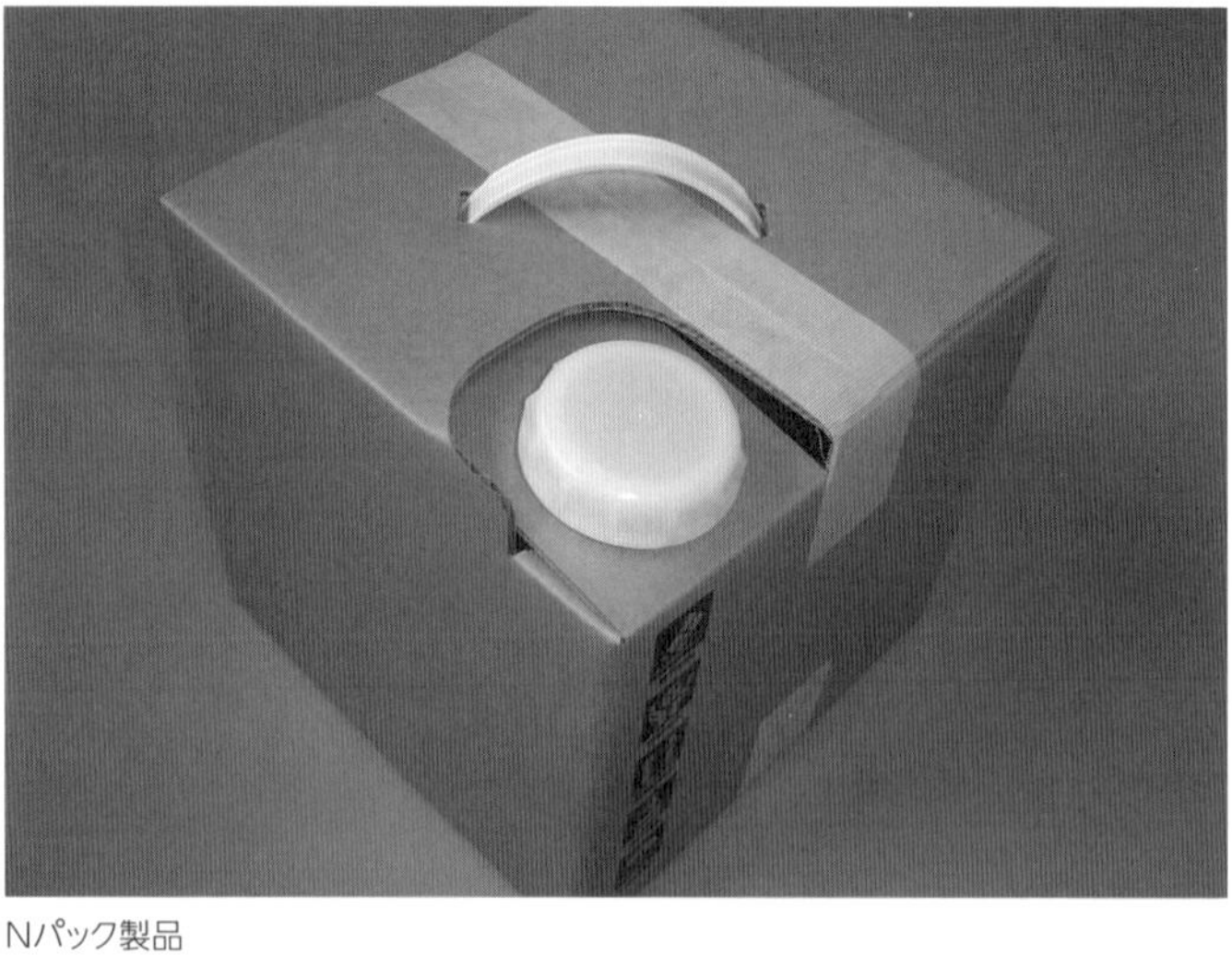

Nパック製品

段ボールにはスチールと違い腐蝕性に強い、熱伝導率が低いという利点もあるため、化学製剤や業務用食用油などのメーカーからもNパックの問い合わせが来るようになり、接着剤だけでなくさまざまな液体容器に使われるようになった。現在はさらに薬品メーカーや食品業界など多様な分野に広く普及している。形状や蓋、栓もそれぞれの要望に合わせ、サイズも2《リットル》や3《リットル》のものから20《リットル》、さらにドラム缶サイズの200《リットル》と大きなものまでさまざまなものを生産している。

大ヒットしたNパックだが、ジャパンパックでは汎用品を販売するビジネスは行わない。すべて企業から直接に注文を受け、個別生産で対応している。商社を通すこともしない。顧客ごとに細かい仕様を決めて設計・製造する。

●大ヒットから改良と応用を重ねて需要を広げる

Nパックの成功は、「困っていることがあるけれど、しょうがないとあきらめている。そんな企業の悩みごとの中に、段ボールで解決できることがある」という長田社長の確信を一層深いものにした。

「画期的な新製品はそんなに生みだせるものではありません。新製品の売上が伸びたら、それをさらに使いやすく改良することが大事です。また、その技術を応用して、異業種のニーズに応えることを考えるのです」と長田社長はいう。

ひとつのヒットに執着することなく、常に段ボールの性能を生かす製品開発を考えて、今も多くの時間を企業訪問に割いている。現場からニーズを掘り起こす問題解決型のものづくりが長田社長の流儀だ。

開発製品の一部を紹介しよう。「Nフィッシュ」は発泡スチロール製に替わる衛生的でコンパクトな魚箱。「Nラップ」は薬品や日用品を動かないように収める包装材。「Nウエーブ」は電気・電子関係の断熱性の高い包装材。「Nパレット」は移動荷物を載せる運搬用の台（パレット）。木製のように虫やバクテリアが着いている心配がないので燻蒸処理が不要なため、船舶や空港での輸出の積荷作業に使用されている。

「Nクール」は、段ボール函の外側を断熱フィルムでくるんだもの。水産加工物を詰めるのに適しており、発泡スチロールよりコンパクトで、折り畳めるので繰り返し使える。捨てる際も断熱フィルムを剥がして、段ボール函のほうはリサイクルされる。接着方法を工夫してフィルムを剥がしやすくするなど、使い勝手のよさを配慮しているの

Nクール

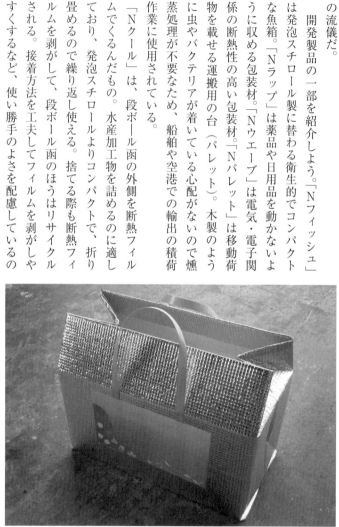

もジャパンパック製品の特長だ。

2007（平成19）年には富山名産のチューリップの県外出荷にも一役買った。

チューリップの切り花は水を張ったバケツに茎を漬けて輸送していた。水に漬けて常温で運ぶのが花には最もいい状態なのだ。しかしこれでは輸送エリアが限られる。東京・大田市場に送るにはどうしたらいいか。

まず、下方にポリエチレンの内袋を仕込み、その部分に水を入れて花を立てる縦長の函を製作。問題は函が横に倒れたときだ。長田社長は倒れてもこぼれないようにする工夫をした。函の下部、水を入れる部分を二重構造にして、内側の函の内面にはNパック同様ポリ袋を仕込む。そして内函の四方の外側には横にすると内袋とつながるポケットを用意する。函が倒れるとポケットが口を開き、水が移動するのだ。わかってしまえば簡単な仕掛けだが、

Nフラワー

なかなか思いつくものではない。必要な水をこぼれないようにキープする設計にたどり着くまでには何度も実験を繰り返したに違いない。

この容器「Nフラワー」を、富山の花卉農家が使用したところ、市場でこれをみた業者の注目を集め、やがて東北や九州からも注文がくるようになった。このようにNパックの開発以後、ジャパンパックのオーダーメイド体制が広く知られるようになり、さまざまなNシリーズが生まれ、顧客は全国に広がった。大手企業からの依頼が多いので、東京事務所を開設して、長田社長も月に2～3回は出向いて商談に応じている。

●社員一丸になって試作に取り組み、「知の資産」を増やす

梱包材である段ボールの需要は、景気や為替レートに大きく左右される。しかし、ジャパンパックはそうした状況でも売上高の変動が極めて少ない。従業員15名、売上高約3億円の経営は安定しており、リーマンショックの影響も受けなかった。それというのもオリジナル製品を顧客と密着して開発し、直接販売する関係が築かれているからだ。

「Nシリーズは、ジャパンパックのオリジナル機能性段ボール容器です。お客様にとってよいものを追求してきました。すぐには売上に結びつかなかったものも、今ではスタンダードになっています。今までにないものを提供するからこそ、大手企業から名指しで相談をもちかけられます。オリジナル製品の直接取引ですから価格競争に巻き込まれることもありません」(長田社長)。

長田社長は若い頃からのものを含めると100を超す特許を取っている。初期のころは自分の発想に基づいて工夫していたが、独立してからは企業の梱包・輸送関係の課題解決のために工夫をするようになった。その結果、特許が実用化される機会が増え、近年は企業と共同出願をしているものも少なくない。

コンテスト受賞歴も華々しい。前出のNシリーズはいずれも表彰を受けている。ホームページにはあっさり一覧表表記で示されているが、(公社)日本包装技術協会の日本パッケージングコンテストの常連である。

「商品開発には補助金をいただくことも少なくありません。開発費が必要だからではありますが、いただくからには、と自分に枷をかけることにもなります」と長田社長はいう。

富山県新世紀産業機構や中小企業庁の補助金を

京子夫人と長田社長

受けて、規定に従い5年間で純利益を出し、補助金返還を果たしたことも一度や二度ではない。

６００坪の工場敷地は借地。材料の段ボールシートも断熱フィルムも仕入れている。しかし、工作機械は自前だ。汎用機械ではオリジナルな工夫ができないので特注しているという。「知の資産」で勝負する企業らしい、理に適った方針だ。

完成して納品した製品であっても、改良に目を向ける。納入先の企業から、使ってみた後の感想や要望を聞き出して、改良ニーズを探す。こうして「知の資産」は蓄積されていく。

試作は社員全員の関心事だ。ＣＡＤで設計図をつくるのは若い社員の仕事。富山大学や富山県工業技術センターにアドバイスを求めることもある。通販用のパッケージ、生きた海産物の搬送用容器、筒形Ｎパックなど商品開発の課題は尽きない。社長室にはそんな仕掛りの試作品があふれている。「いつも目に入るところに置いて、意識するようにしています」と長田社長。

段ボールのことが頭から離れない長田社長だが、そのアイデアの源泉は一朝一夕に培われたものではない。若い頃は茶道裏千家青年部に所属していたほど深く茶の湯を修めたし、カメラは二科会会友になって8年と、多彩な趣味をもつのも、感性の豊かさの現れだ。

魚津市から頼まれて市の写真講座の講師を務めるかたわら、講座の卒業生たちのために自宅にアトリエを開き、月に3回教室を開いている。同居する97歳の母堂を「ありがたい被写体で、作品の入選に一役買ってくれています」と穏やかに笑う顔には、自らの道を究めたゆとりがにじむ。設立当時は大学生だった長男の光弘氏に事業を引き継ぐ日も遠くないようだ。

大建工業株式会社

DAIKEN CORPORATION

木質資源や未利用資源を活用して素材開発
付加価値の高い建築資材を総合的に供給

◀金沢ショールーム受付

▼公共・商業建築分野向けの
建築資材専用ショールーム
「秋葉原テクニカルスペース」

大建工業株式会社

設立　1945(昭和20)年9月26日

事業内容　建築資材の開発・製造・販売・施工

本店　〒932-0298 富山県南砺市井波1-1

本社大阪事務所　〒530-8210 大阪府大阪市北区堂島1丁目6番20号 堂島アバンザ22F

東京事務所　〒101-8950 東京都千代田区外神田3丁目12番8号 住友不動産秋葉原ビル

●富山で木材製品化工業から創業し70年

ＤＡＩＫＥＮの原点は、世界遺産の五箇山の一角、利賀村《とが》（当時）の山林にある。伊藤忠商事㈱・丸紅㈱ほか複数社の前身である大建産業株式会社の林業部が、終戦直後の１９４５（昭和20）年９月に独立、利賀の木材を切り出し利賀・井波の工場で各種木製品や床材、合板の生産に取り組んだのが始まりだ。「復興資材として木材・製材品を生産し、日本の社会や国民の生活の再建に役立ちたい」という先人の熱い志があったという。

技術や品質を重視する現在のＤＡＩＫＥＮの企業体質につながる創業期のエピソードがある。当時合板事業拡大の進路として２つの選択肢があった。汎用性が高く大量生産が可能な一般合板と、耐久性や耐水性など高い品質が求められる特殊合板。特殊合板生産のためには高性能な接着剤など新たな技術開発が必要だった。このときＤＡＩＫＥＮが選択したのは特殊合板への道。創業時から研究開発体制を整え、試作開発課を設置して合板用接着剤の開発に取り組み、高性能な接着剤の自社開発に成功。高い耐久性と耐水性をもつ完全耐水合板を生み出し、１９４９年に日本国有鉄道の車両に採用された。その後、船舶の内装合板にも採用され、取引先は国内のほとんどの有力メーカーに及んだ。１９６４（昭和39）年には開通した東海道新幹線の内装材にも採用され、トラックの荷台、さらにテレビキャビネット、家具などへとたちまち需要が広がった。

●限りある資源の有効活用・サステイナブルな社会の実現に貢献

木材製品加工から始まったＤＡＩＫＥＮにとって、木質資源の有効活用は重要なテーマとなる。特殊合板事業が軌道に乗る１９５０（昭和25）年頃、国産木材の不足や価格の高騰から外国産木材への依存度が大きくなり、木材に関連する業界では荒廃した国内森林の保護や木質資源の有効活用が大きな課題となっていた。成長に時間を要し、限りがある木質資源の有効活用と、優れた製品を供給し社会に貢献するメーカーとしての使命を矛盾することなく果たす。そのような使命感のもとＤＡＩＫＥＮが取り組んだのはインシュレーションボードだった。

インシュレーションボードとは主に木材チップを原料とする繊維板で、木材の製材時に出る端材や間伐材を有効に活用できるうえ、吸音・断熱・調湿などの機能、品質を備えた製品を安定的に量産することができる。57年、ＤＡＩＫＥＮは岡山県に工場を新設し、アメリカの近代的・合理的生

億田正則社長

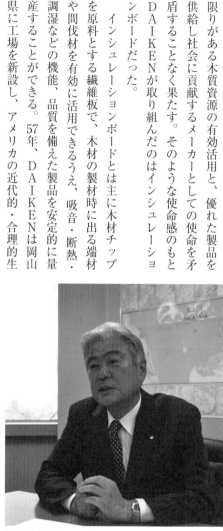

産システムを導入して事業に乗り出した。当時資本金8000万円のDAIKENが、25倍の20億円を投じて進出した一大事業だった。

その後もDAIKENは、木材やそのほかの未利用資源、再利用資源を有効活用する製品を世に送り出す。都市部における高層化が進み、高層ビル時代が到来すると、製鉄時の副産物であるスラグを繊維化したスラグウールを主原料に、不燃性能を備えた天井材「ダイロートン」を開発。阪神・淡路大震災後に住宅の耐震性能が大きく見直された時代には、未利用資源である火山灰シラスを用い、軽量、高強度、高耐久、防耐火など耐力面材に求められる性能を兼ね備えた無機質パネル「ダイライト」を生み出した。「『限りある資源の有効活用を通じて、サステイナブルな社会の実現に貢献する』という行動原理は、DAIKENのビジネスの根幹をなしているのです」と億田正則社長はいう。

●質を向上させてより快適・安心な空間づくり

地球環境に配慮したものづくりと並行して、住環境の〝質〟の向上にも取り組んできた。DAIKEN独自の素材を用いた建材が、快適で安心な住空間をつくる。そのためにたゆみなく開発・改良を重ねてきた。「インシュレーションボード」は断熱性を生かし床や天井の下地材、また、畳の芯材に展開。不燃性能で住宅や都市空間に安心を与えた天井材「ダイロートン」は、余分な音の響きを抑える「吸音」性能に着目し、最適な音環境をつくり出す製品へと展開。また、健康志向の高まりを受け、湿気を吸収・放出して快適な湿度に調整する「調湿」機能付加タイプも発売した。耐力面材「ダイライト」は、高強度で住宅を地震に強くするだけでなく、火災に強い耐火性や、腐食を防ぐ通気性も併せもつ。こうしてみると、今では当たり前と思っている断熱、耐震、防音、調湿といった機能が住宅用建材のスタンダードになった過程に、DAIKENが大きく貢献してきたことがわかる。

住宅市場は日本の経済成長とともに成長しすでに成熟期に入っており、質の高い住空間の提供が求められている。近年は安全・安心・健康や地球環境に配慮した住まいづくりを希望する人が増え、施主が直接建材選びに関心をもつ機運が高まってきた。DAIKENもこれまで以上に暮らす人を意識した製品開発に注力し、優れた機能を身近に感じてもらう工夫をしている。

例えば、木材の空隙にプラスチックを注入・硬化する独自のWPC技術を用いた床材は、木目の美しさを際立たせると同時に、耐傷性、耐水性を実現し、メンテナンスが容易で美しさが長もちする点が好評という。また、機械すき和紙をこよりにして織り上げた畳おもてを使用した「ダイ

フローリングとコーディネートしたダイケン畳

ケン畳」は、色あせしにくい、傷や汚れに強い、ダニ・カビの発生がわずかといった性能が評価されている。色柄のラインナップも豊富で、現在の住宅の主流であるフローリングとのコーディネートにも配慮されているほか、和室としての用途に加えて洋間へ「置くだけ」で畳スペースをつくり出すことが可能な製品も展開している。DAIKENの基幹製品のひとつになっている室内ドアは、色、デザインが豊富なうえ、高齢者の使用に配慮したドア、ペットが出入りできるドアなど多様な機能もラインナップ。また、間取りやライフスタイルに合わせて設計できる収納、階段、造作部材など、床・ドアを含めてトータルでコーディネートが可能な内装建材を幅広く展開している。

DAIKENはショールーム展開にも力を入れている。なかでも、水回りのTOTO、窓・エクステリアのYKK APとのリフォーム事業におけるアライアンスに基づき、3社製品をワンストップで確認可能なコラボレーションショールームを全国主要都市を中心に展開、施主や業界関係者から好評を得ている。なお、今後人口減少に伴う新設住宅着工の減少が見込まれる中、リフォーム市場の成長は国策にもなっており、3社アライアンスをはじめ、建材の機能を正しく発揮させるための工事力、生活者接点であるショールームを生かした住宅リフォーム市場での拡大にも注力している。

●「建築資材の総合企業」へ

「弊社を取り巻く経営環境は、少子高齢化、人口減、世帯数の減少などにより国内新設住宅市場の大きな縮小が見込まれ、新設住宅着工数に依存しない次なる成長段階へのシフトが課題です」と億田社長は語る。

ＤＡＩＫＥＮは２０１５年、創立70周年を機に10年後のありたい姿を掲げた長期ビジョン「グロウプラン25（ＧＰ25）」を策定。

「グロウには成長（ＧＲＯＷ）と輝く（ＧＬＯＷ）の２つの意味を込めました。従来の『住宅用建材のメーカー』から、『建築資材の総合企業』へ新たな挑戦の一歩を踏み出す。つまり、現在の主力事業である住宅用建材だけでなく、素材の供給から施工・工事までを手がけ、また、公共・商業建築分野、産業資材分野まで幅広く、また、グローバルな展開を目指す、ということを社内外に宣言しました」と億田社長。

素材・建材・エンジニアリングの３事業を柱に、これまで注力してきた新築住宅市場に加え、重点市場として特に公共・商業建築分野、海外市場、住宅リフォーム市場での拡大を図る。むろん新事業、新市場の開拓も目指す。

ＤＡＩＫＥＮの強みは建材だけでなく、素材の製造から手がけ、さらに建材が機能を発揮するために必要な施工機能も併せもつこと。70年間培ってきた素材開発・製品開発の技術を最大限活用しながら、素材の新たな可能性としての用途拡大、新素材の開発、素材・建材・施工のシナジー効果による総合提案の拡大、素材と建材を軸にした海外市場での拡大を鍵に次なる成長を目指す。

●重点市場　公共・商業建築分野での展開

「GP25」実現のため、2016年度からスタートした3か年の中期経営計画「GP25 1st Stage」は、公共・商業建築分野において2015年度比1・7倍の285億円に拡大することを目標にしている。背景としては、2020年東京オリンピック開催に向けた首都圏でのインフラ整備、政府の成長戦略による投資の拡大、特にインバウンド需要拡大に伴う宿泊施設のリニューアルや新規建設の大きな増加見込みなどがある。また、地方ではコンパクトシティ化に伴う公共物件や商業物件の整備が見込まれるという。

「国内における新たな市場として期待しています。用途展開が可能な当社の素材事業、住宅分野で培ってきた技術、施工力などがこの市場で生かせます」(億田社長)。

培った技術を深耕・応用できる市場は眼前に広がっている。過去にもDAIKENの技術・品質が評価され、京都迎賓館や大阪城天守閣の床材に「WPCフロア」が採用された。天井材「ダイロートン」は羽田空港、関西国際空港、あべのハルカスをはじめとする大規模物件で、工事も含めて採用された実績をもつ。今後は木材利用技術や不燃技術を応用した新たな製品開発・用途展開に注力し、事業の拡大を図る。すでに、前述のWPC技術と防音技術を組み合わせて、新たにホテル向け防音床材「コミュニケーションタフ防音」を開発・発売し、多数の引き合いを受けているほか、国策でもある国産木材（地域材）の活用の幅を広げる取り組みも進んでいる。

製品面での展開に加え、16年3月には東京・秋葉原にこれまでＤＡＩＫＥＮにはなかった新しいコンセプトの非住宅専用ショールーム「秋葉原テクニカルスペース」を開設しており、「公共・商業建築分野で決定権をもつ事業主、設計事務所の方々を中心に、当社の素材・技術・機能を訴求しながら、ディスカッションやシミュレーションを重ねて新たな製品を生み出していく」（億田社長）体制も整っている。70周年のタイミングでは、ＤＡＩＫＥＮの素材・技術で新たなビジネスチャンスを見出すための展示会「テクノビジネスフェア」を開催した。研究機関やメーカー、商社、官庁、公共・商業建築に関与する事業主・設計事務所・ゼネコンなど、これまでに接点のなかった分野から招待した来場者との間で、新たな商談や、開発に関する新たな展開が生まれているという。「当社では当たり前の技術も、建材業界以外の方々には新鮮に映った様子で、驚きの声が多く聞かれました。今後も分野を問わず、当社の素材・技術の可能性を追求していきます」（億田社長）。

表面に富山県産杉を使用した壁材が採用された
北陸新幹線黒部・宇奈月温泉駅

●重点市場　海外市場での展開

海外市場では素材と建材の2事業を柱に拡大を図る。

素材事業の中心となるＭＤＦ（中密度繊維板）は、１９９６（平成８）年にマレーシア・ボルネオ島で生産開始し、今ではマレーシア２工場、ニュージーランド１工場で生産するまでに拡大。材質が均一で、加工性に優れている点が評価され、家具、ドア、カウンターなどさまざまな製品の化粧基材として利用されているほか、厚みを薄く、耐水性能を高めたＭＤＦは床用基材としての用途も切り開いた。

ＤＡＩＫＥＮがマレーシアで育成するアカシア植林木を１００％利用したＭＤＦの開発や、さらなる用途展開も進められている。販売面については、従来日本向けが中心だったが、今後は海外市場での販売強化に軸足を移し、これまでにも手がけていた東南アジア市場などでの拡大はもとより、北米にも展開強化していく。

建材事業については、主として中国での生産・販売を行ってきたが、経済成長が著しく、今後住環境の質的向上に対するニーズが高まる東南アジアでの展開を図る。その第一弾として２０１６年、インドネシアで現地企業と合弁で設立した室内ドア製造工場が稼働。製造・販売・施工までを一貫して手がける体制を整えており、日本式の品質の高さで

MDF生産拠点のひとつダイケンミリ社（マレーシア）

差別化を図る。アッパーミドル層を中心としたマンション、戸建て住宅の需要を取り込み、インドネシアが軌道に乗ったあかつきには、周辺国への展開も視野に入れている。

インドネシア新ドア工場の立ち上げには、日本国内で最大級規模の室内ドア工場である井波工場から指導者を現地入りさせ、高い機能と品質を保持する生産力を整えた。DAIKENの今後を担う海外新事業に、DAIKEN創業以来の生産拠点である井波工場のノウハウが最大限活用されている。

●井波工場のものづくり

富山県の井波工場は、DAIKENにとって創業の地であると同時に、常に主力事業を担ってきた重要な生産拠点である。合板製造から平成元年に室内ドア・造作材などの生産に転換し、現在では室内ドアの生産能力は国内最大級の月間6万本。生活者の住まいに対するニーズの多様化を受けて、バーコードシステムを取り入れラインを自動化、受注生産体制により4万種類を超える品番に対応している。

「加工の工程をバーコードで読み取ることで、流れてくるライン上で1点1点異なる加工を可能にしています。処理に時間のかかる工程部分はラインを増やすなど柔軟に対応することで、受注から3日で出荷する体制を確立しています」と飯沼友明工場長は語る。

「28年前に合板製造から、まったく経験のなかった室内ドア生産に切り替えたように、常にアンテナを張り、時代に合わせて対応していかないと事業の存続はできないと肝に銘じています」という。

　井波工場での公共・商業建築分野への進出として、井波工場主導で開発した高齢者施設向けドアの拡大に取り組むほか、文教施設向けなどの新製品開発にも着手している。

　富山県地域材の活用にも積極的に取り組んでおり、根曲がり杉を活用した不燃壁材を富山県農林水産総合技術センター木材研究所と共同開発し、北陸新幹線駅舎に採用されたほか、床材や壁材、カウンター材にも展開し、富山県内の市役所での木材の風合いを生かした空間づくりに貢献している。また、工場やテクニカルスペースを児童や地域住民に見学コースとして公開するなど地域との交流活動にも積極的に取り組んでいる。

飯沼友明工場長

井波工場全景

●ジェネリック原薬のトップメーカー

原薬から製剤まで手がけるダイト株式会社は富山市中心部の南約6キロメートルに位置する富山市八日町にある。JR富山駅南口からは車で約20分、富山空港からは車で約10分、北陸自動車道富山ICからは車で約5分と物流に有利な立地だ。すぐ目の前には北陸自動車道が通る。本社、本社工場、研究所などの事業拠点が同一敷地内にあり、研究開発・製造が効率的に行える、まさにものづくりに最適な場所である。

本社工場として原薬工場、製剤工場が集結していて、原薬から製剤・包装まで一貫生産体制をとることができる。でき上がった製品は時間的なロスなく同所の5か所の物流センターから送り出されていく。

原薬とは医薬品を製造するための原材料で、医薬品の中の有効成分（化学成分）のこと。製剤とは、最終的な医薬品のことである。

ダイトは、本社原薬工場として、5つの原薬棟と原薬を乾燥、粉砕し最終包装を行う3つの原薬

大津賀保信代表取締役社長

包装棟をもち、原薬のさまざまな製造工程に対応できる体制と、大量生産から多品種少量生産に対応できる高い生産能力を備えている。日本国内のGMP（医薬品等の製造管理・品質管理基準）はもとより米国FDA（食品医薬品局）のGMPにも適合しているため、海外向け製品の製造も可能な高品質な生産体制を有している。

ジェネリック医薬品とは新薬（先発医薬品）の特許が切れた後で、同じ有効成分を使用して製造・販売される医薬品のことで、後発医薬品とも呼ばれる。医師の処方に基づき医療機関で使用される薬である。

現在、ダイトでは、主としてジェネリック医薬品用の原薬の製造を行っている。また一部、新薬メーカーからの新薬用の原薬の受託製造も行っている。

本社製剤工場としては、5つの製剤棟と3つの包装棟をもつ。国内のGMPはもとより欧州、米国のGMPにも対応した品質管理体制をとっている。ダイトの製剤工場は経口固形製剤の製造に特化。特に錠剤・細粒剤・顆粒剤など

第六原薬棟外観

の製造を得意としている。

医療用医薬品分野では、自社ジェネリック医薬品の研究開発と製造、大手医薬品メーカーからの長期収載品（ジェネリックが存在する先発品）および先発薬の受託製造を行っている。ジェネリック医薬品も現在では、有効成分だけでなく薬の溶解時間や血中濃度などが先発薬と同じになるように飲み具合まで配慮が必要になっている。ダイトはそれに対応できる高い処方・製造技術をもつ。

一般用医薬品分野では、自社開発または共同開発によるＯＴＣ医薬品（薬局・ドラッグストアなどで販売されている、医師の処方せんを必要とせずに買える医薬品）の製造、また、大手医薬品メーカーからのＯＴＣ医薬品の受託製造、配置用医薬品（置き薬）の製造を行っている。

現在のダイトの総売上高は約３６４億円だが、部門別売上構成は、原薬部門が60％、製剤部門が39％、そのほかの部門（健康食品など）が１％となっている（２０１６年5月期）。

ジェネリック原薬市場は約１０００億円といわれている。ダイトのジェネリック原薬売上は約２００億円と市場の20％前後のシェアを占めている。日本の医薬品市場はおおよそ10兆円。そのうちジェネリック医薬品市場は10分の１の約1兆円だが、今後さらなる市場の拡大が見込まれている。

ダイトはジェネリック原薬の製造・販売のトップメーカーとなっている。

なお、原薬の製造方法のノウハウを登録することによって競争上の地位の確保を図る「原薬等登録原簿」（医薬品医療機器法で定めるＤＭＦ：ドラッグマスターファイル）への登録品目数も国内メーカーでトップである。

●「原薬」「製剤」を柱に業容を拡大

ダイトのように原薬と製剤両方の製造・販売をメインとして展開している医薬品メーカーは日本国内では稀だ。

ダイトの創業は、1942（昭和17）年6月に富山の家庭薬を東南アジア方面へ輸出するという国策を受け、富山県の指導のもと統制会社として設立された大東亜薬品交易統制会社に始まる。戦後、1948（昭和23）年12月に大東交易株式会社へ改称。

1950年には医薬品原料卸業部門を開設し、医薬品原料の販売を開始。1963（昭和38）年に大阪事務所（現大阪支店）、1965年に東京営業所（現東京支店）を新設した。

創業以降の事業内容からわかるようにダイトはもともと商社であったため、後述するように現在も商社機能をもち、ビジネスの強みとなっている。

1949（昭和24）年には医薬品製剤の製造を開始。事務所・工場を新設し、創業以来販売でかかわりの深い配置用医薬品製造を開始した。

1976（昭和51）年には医療用医薬品（ジェネリック医薬品）の製造を開始。

1979（昭和54）年には原薬の製造を開始。営業部門の情報収集により市場ニーズをつかめるのが大きい。ダイトでは自社製造の原薬をジェネリック医薬品製造で使用できるのが品質上、コスト上の利点となっている。

1982（昭和57）年には本社工場に第一原薬棟を新設。以後、本社工場に原薬棟、原薬包装棟を順次新設し、市場ニーズに対応した製品の研究開発・製造、増産に努める。

原薬の開発においては目的物質を得るための合成ルートの検討から行い、より安価でより高収率なルートを選定。工業的製造方法を確立し、高度精製技術、GMPに適合した工程管理、不純物の生成原因究明に対しても独自のノウハウをもつ。今日では医薬品中間体（医薬品は薬になるまで何段階もの工程を踏む。その原薬と薬の中間の段階の製品）も製造している。

1985（昭和60）年には多角化を図り、本社工場に第二製剤棟を新設し、OTC医薬品の製造を開始した。

製剤部門では今日、医療用・一般用医薬品を合わせて200種類を超える製品をつくっている。

培ってきたジェネリック医薬品製造の技術力が評価・信頼され、受託製造も増えてきた。

2001（平成13）年には第五製剤棟を新設し、医療用

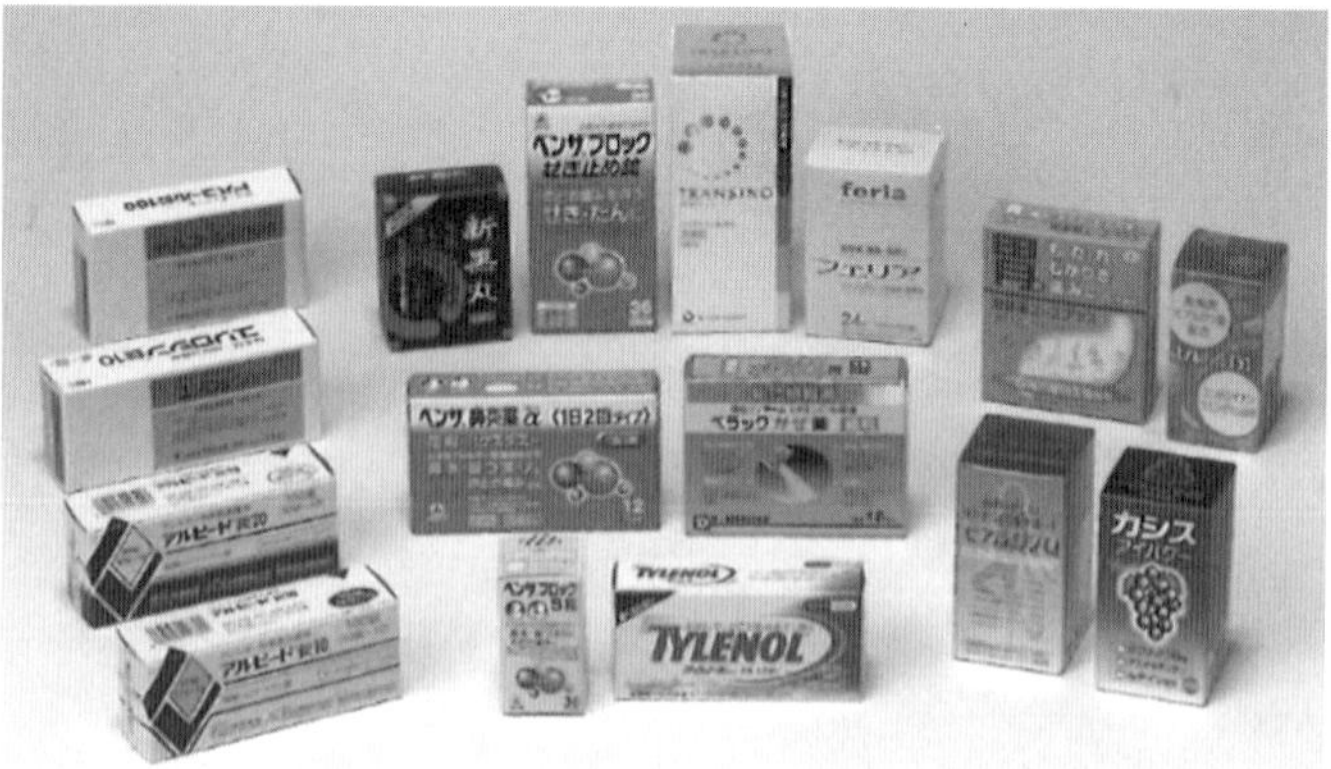

ダイトの医薬品（医療用、一般用）、健康食品

医薬品の受託製造を本格的に開始。１９９５（平成７）年1月17日発生の阪神淡路大震災を発端として、関西方面の製薬メーカーからの製造受託案件の引き合いが増加したことが背景にある。

創立50周年（１９９２年）を迎えるにあたり、１９９１（平成３）年12月に社名をダイト株式会社に変更。

堅実に売上・利益を伸ばしてきたダイトは、２０１０年3月に東京証券取引所市場第二部に上場。上場後すぐに東証一部への指定替えを決断し、1年後の２０１１年3月に東京証券取引所市場第一部への上場を果たした。

●商社機能の強み

ダイトの営業は、大きく原薬営業と製剤営業に分かれている。

原薬営業部では、自社工場で製造された原薬、医薬品中間体を、富山・東京・大阪の3拠点を中心に営業。さらに同部門は商社機能を兼ね備えていて、自社で生産していない品目でも内外の独自に構築したネットワークで他社原薬を中心に医薬品添加剤、食品添加剤、健康食品素材などを仕入れ、販売する。また、販売先のニーズを察知して、ビジネスチャンスにつなげている。

製剤営業部では、各分野への商品提案と製造供給を行っている。商品提案では、自社研究所で開発・申請ができるメリットを活かし、処方検討から製造までを一貫して受注することが可能だ。

なお、製剤営業部はＭＲ（医薬情報担当者）を有しておらず、医療機関への直接販売は行っていないため、自社開発・製造したジェネリック医薬品については、ほかの医薬品メーカーに販売・販促活動を委託している。自社製造のOTC医薬品も国内の大手・中堅医薬品メーカーへ販売し、一般顧客、販売店への直接販売は行っていない。配置用医薬品は、自社製造のもの、他社製造のものを取扱い、配置販売業者（置き薬の販売業者）に販売している。

富山県の配置薬は「富山のおきぐすり」として親しまれていて、胃腸薬、解熱鎮痛薬、かぜ薬、ビタミン薬から健康食品まで幅広い品揃えがある。健康食品は、営業部門からの情報などをもとに企画したものを健康食品メーカーに外部委託し製造してもらい、配置販売業者に販売している。

現在、原薬部門の売上構成では原薬製品（自社製造）64％、原薬商品（他社製造）36％、製剤部門の売上構成では製剤製品（自社製造）85％、製剤商品（他社製造）15％と売上で商社機能の果たす役割も大きい（2016年5月期）。

●ダイトの成長戦略

大津賀保信《おおつがやすのぶ》社長は「ダイトは、原薬から医療用医薬品・一般用医薬品・配置用医薬品の製造・販売、大手医薬品メーカーからの製造受託、健康食品などの販売を行うハイブリッド経営を展開し、業容を拡大してきた」という。現在、国内の医薬品メーカーの約9割と取引がある。

同社のビジネスモデルの特長として、次の大きく4つが挙げられる。

1．原薬と製剤のコラボレーション

・原薬・製剤各営業部門の情報を共有化し、高い情報収集・提供能力を発揮
・原薬・製剤の開発データの共有化によって、より市場ニーズに合った製品の開発が可能
2. 医薬品製造への資源集中
・開発品目はジェネリック原薬・製剤のみで、新薬に比べて開発リスク・開発コストが低い
3. 幅広い生産品目
・ジェネリック医薬品からOTC薬の製造まで幅広くカバーし、ひとつの品目カテゴリーに偏らないことでリスクを分散
・新薬メーカーの製造受託を受けることにより、高レベルな品質・製造のノウハウを蓄積
4. 商社機能の充実

ダイトのビジネスモデルの基盤となっているジェネリック医薬品だが、近年、政府による医療費の抑制政策として使用促進が進められている。2015年6月に閣議決定された「経済財政運営と改革の基本方針2015」において「後発医薬品の数量シェアの目標を2017年央に70％以上にするとともに、2018年度から2020年度末までの間のなるべく早い時期に80％以上とする」と明記され、今後一層ジェネリック医薬品の数量シェアの拡大が見込まれる。

後発医薬品シェアの国際比較（2014年10月〜2015年9月）では、日本54・6％に対し、アメリカ91・9％、イギリス75・0％、ドイツ84・8％とまだ大きな差がある。

その一方で「国民負担を軽減する観点から、後発医薬品の価格算定ルールの見直しを検討する」

とした。具体的には、２０１４年の薬価改定では、新規ジェネリック医薬品の薬価を先発品の６掛け（従来は７掛け）に、２０１６年改定では5掛けに引き下げが行われた。数量は増加するが、価格は下がっていくという経営のかじ取りが難しい時代になっている。

　このような状況を見通して、ダイトは既存ビジネスの重点施策として、「研究開発の強化」、「原薬・製剤の能力増強」、「生産効率化の推進」に取り組んでいる。

　原薬事業では２０１４年に子会社大和《だいわ》薬品工業株式会社に第一原薬工場を新設。２０１５年には本社第六原薬棟が竣工し、本格稼働すると本社工場全体の原薬の生産能力は約20％アップする。

第七製剤棟外観

　研究開発の強化や生産効率化の一環として本社に原薬工業化プロセス研究棟が２０１６年2月竣工。医薬品原薬の工業化検討ならびに分析、試験法の研究開発を行う。工業化とは、すでに商業化された製品の製法や製造場所の見直しにより、収率や作業性などの改善を図ること。

　ダイトは研究開発の強化によって技術力を高め「研究開発型受託」の増加を図ろうとしている。新規ビジネスの重点政策としては、「高薬理物質への注力・拡充および海外展開」を中長期的な成長に向けての布石としている。

２０１４年には高薬理製剤棟（第七製剤棟）を新設。高薬理活性固形製剤の治験製造および製剤から包装までの一貫製造体制が可能となった。現在、抗がん剤などのジェネリック製剤はもとより、大手医薬品メーカーからの受託製造にも取り組んでいる。

また、第七製剤棟と合わせ、薬理活性領域における製剤および原薬の研究開発体制の整備・強化を図るため高薬理R&Dセンターが２０１７年春竣工予定。大手医薬品メーカーの治験薬製造受託や自社ジェネリック品の開発を積極的に行うことができる。

海外展開では、米国、欧州、アジア諸国へ向け、原薬、製剤の輸出を行っている。現在は原薬の輸出が中心だが、今後は製剤の輸出の拡大も図っていく方針である。

米国の市場開拓に向けた調査活動を行う「Daito Pharmaceutical America, Inc.」を２００８年にイリノイ州に設立。ジェネリック製剤の許可取得を目指している。

アジア市場においては、中国で、２００２（平成14）年に大桐製薬（中国）有限責任公司を安徽省に設立。２０１４年には同社に新製剤工場を竣工した。２０１６年末から稼働の予定。また、中国の関連会社である千輝薬業においても、原薬製造の拠点として確立できるよう活動中である。

●「楽しい会社、楽しい仕事」に

ダイトでは、社長を含め社員同士は皆「さん」づけで呼び合うようになっている。その結果、会社の風通しが良く、アットホームな雰囲気だ。

製薬メーカーというと、オートメーション化された工場をイメージするが、実際の製造現場では人がいなくては始まらないという。例えば、大量生産品ではオートメーション化されている製造ラインもあるが、少量多品種に対応するには、どうしても多くの人の手が必要。ひとつの製品の製造が終わると、次の製品の製造に向け機械の洗浄、分解、ラインの調節、原料搬入などを迅速に行わなければならない。多くの人がかかわる仕事では相互信頼や一体感の醸成が欠かせないのだ。

ものづくりを円滑に行うには人間関係を良好にすることが基盤だ。社員同士の関係が良好ならば、会社全体も活気づく。ダイトは「楽しい会社、楽しい仕事」の実現に取り組んでいる。

そんなダイトが求める人物像は、「チャレンジ精神に溢れる人」「チームワークを大切にする人」「自ら考え、行動する人」である。大津賀社長は「原薬、製剤の生産・販売、受託製造などいずれの事業においても海外での活動はより重要度を増していくでしょう。新入社員には、専門知識や語学力のほか、大局的にものごとをみる目を期待したい。研究開発に携わるにしても、グローバルな視点は必要です。当社のみならず、社を取り巻く世の中の状況にも関心をもってほしい。そうすることで、自分の仕事にどんな価値があるのかもみえてくるでしょう」と語る。

現在、全社員の約10％が研究職、70％が製造職となっている。東証一部に上場後は、富山からだけではなく全国からの応募が増えてきているという。薬学、工学を中心に毎年20名前後採用している。ダイトは、富山から日本へ、さらに世界へとフィールドを拡大している。

東亜薬品株式会社

TOA Phamaceuticals CO., LTD.

受託生産における信頼感を高めつつ、
技術開発でイノベーションに挑戦する

工場外観

東亜薬品株式会社

設立　1940（昭和15）年9月
事業内容　医薬品製造販売
本社　〒939-3548 富山県富山市三郷26
東京事務所　〒104-0033 東京都中央区新川1-17-24 新川中央ビル6F

●大手製薬企業の信頼を獲得した受託企業としての技術力

製薬業界を取り巻く外部環境は、一昔前と比べると大きく変わった。グローバル化が急速な進展をみせる一方、国内では少子高齢化が着実に進行している。こうした環境変化の中で、政府は医薬品を含む医療費の抑制に本腰を入れている。

「環境は変わりつつあるのではなく、すでに変わってしまった。時代の変化の中で生き残り、成長するためには自分たちも変わらなければなりません」と語るのは、東亜薬品株式会社の中井《なかい》敏郎《としろう》社長である。中井社長は現在、一般社団法人富山県薬業連合会の会長を務めている。

１９４０（昭和15）年の創業以来、同社は変わり続けてきた。栄養ドリンクが人気を集めた高度成長期、富山県内で初となるドリンク向けの工場を立ち上げた。１９７０年代には大手製薬会社向けの点眼剤の開発をスタートし、１９９４（平成6）年にこの分野に特化した子会社日東メディック株式会社を設立した。東南アジアへの輸出を始めたのは、１９７９（昭和54）年のことである。

中井敏郎代表取締役社長

中井社長が以前にも増して変化の必要性を感じ始めたのは、2000（平成12）年前後だという。

「少子高齢化やグローバル化といった動きが加速していました。また、低分子薬から中・高分子薬への流れもみえていました。そんな時期に、一度立ち止まって『このままでいいのか』と考えました。そして、他社がやらないようなこと、しかも簡単にはできないようなイノベーションに挑戦しようと思いました」（中井社長）。

東亜薬品は「富山の薬売り」の伝統を引き継ぐ配置家庭薬、ドラッグストアなどで販売される一般用医薬品（OTC）、医療用医薬品など幅広い薬品を手がけている。また、固形剤から顆粒剤、液剤、軟膏剤、カプセル剤など多様な剤形に対応する生産体制をもつ。

ビジネスモデルとしては製薬企業からの受託生産が主力。長年にわたって積み上げてきた技術力が信頼を生み、多くの顧客企業と息の長い取引を続けてきた。国内外の大手製薬企業を含めて、顧客は数十社に達する。

一般に、受託企業の技術力は技術移管の際に明瞭になるといわれる。製薬企業が最新技術を用いて開発した薬剤、その製造プロセスを

微生物試験室

ドリンク製造ライン

高速液体クロマトグラフ

富山工場（内服固形剤、内服液剤、外用液剤、軟膏剤を生産）

受託企業の工場で再現しなければならない。そのためには受託企業の側に、受け皿として高度な技術力が求められる。受託側の技術力が不十分であれば、量産ラインの順調な立ち上がりは難しい。実力のある受託企業なら、垂直立ち上げに近い量産開始が可能だ。立ち上がりが遅れて生産が間に合わなければ、製薬企業は十分な供給責任を果たせないばかりか、機会損失を招く場合もある。

このような意味で、製薬企業にとっても受託企業選びは極めて重要だ。東亜薬品は顧客の厳しい要求に対応し続けることで、その信頼を高めてきた。

受託ビジネスという事業の太い柱を維持・強化しつつ、中井社長の言葉にあるように、同社は2000（平成12）年前後からいくつかの開発テーマに挑戦してきた。代表的なテーマが2つある。新しい剤形としてのDPI（Dry Powder Inhaler：吸入粉末剤）製剤と、同社が製品開発を担い日東メディックが生産する点眼剤である。

●長い開発期間を経て、日本初のDPI専用工場を立ち上げ

DPI製剤は微粉化した薬剤を肺や鼻腔粘膜から吸収する特殊な薬剤。主としてぜんそくなど呼吸器疾患向けの薬として利用されており、今後は幅広い疾患に対応する剤形としての活用が期待されている。2007（平成19）年には日本初となるDPI専用工場が完成し、DPI製剤の受託生産が開始された。

「専用工場には6～7ラインを設置できるスペースがありましたが、最初は1ラインからのスター

トでした。しかも、ラインは休み休み動いているというありさまでした。今では、すべてのスペースが埋まって満室状態。時間はかかりましたが、当社にとって大きな強みになると考えています」と営業戦略本部長の中井《なかい》淳《じゅん》常務はいう。

ＤＰＩ製剤の実現に至るまでには、２０００年代前半に開発を始めてからの長い前史がある。

「最初の2年くらいは、ＤＰＩをやると決めたのはミスジャッジだったかもしれないと思うこともありました」と中井社長は打ち明ける。開発に着手したものの、五里霧中という状態が続いていたのである。

モノになるかどうかわからないＤＰＩに、従業員数百人という規模の企業が挑戦する。製薬業界をはじめ、周囲の見方は推して知るべし。中井社長らのもとには、回りまわって冷ややかな声も届いた。

「『小さな会社が何をやっているんだ』と思った人は多いでしょう。しかし、これからの時代には独自のものがないと戦えないと思い、『これしかない』と思って開発への投資を決断しました。開発陣をはじめ、社員がワクワクすることに挑戦することが重要という思いもありました」と中井社長。ワクワク感、内発的な動機づけはイノベ

キャッピング

粉末充填機

粉末充填ライン

西本郷工場第一製剤棟（DPI製剤棟）

ーションの土壌となる。

「ただし、イチかバチかではありません。主力事業である程度の利益水準を確保していたので、仮にDPIがモノにならなかったとしても会社が傾くことはないという計算はしていました。身の丈に合った挑戦、これが大事です」と中井社長は続ける。

したがって、チャレンジの一方では、業績を支える受託生産のための設備投資も積極的だ。工場の新設、またはリニューアルには厳格化の方向にある法規制対応という面もある。ただ、最新の生産ラインに置き換えるだけでも、生産能力は大きく向上する。積極的な設備投資は、将来に向けて足元を固める意味がある。

DPI製剤に話を戻そう。周囲の雑音は聞き流して、東亜薬品はDPIの技術開発や仲間づくりなどの努力を続けた。

例えば、DPIをテーマにしたシンポジウムを、同社が事務局として毎年企画し、これまで8回開催された。こうした取り組みを続けているうちに、興味をもつ人たちが集まるようになった。研究者や技術者、デザイナーなどさまざまな分野の専門家、あるいは学生などがDPIに注目し、東亜薬品を中心にある種のクラスター（集団）が育っていった。

「近年は、大手の製薬企業からも『うちでもDPI製剤を検討している』といった声がかかるようになりました。いまはまだ芽が出たばかりという段階ですが、DPI関連でさまざまなアイデアが生まれています」と中井常務は今後のビジネス展開に意欲的だ。

●新薬・バンコマイシン眼軟膏を世界で初めて発売

点眼剤は東亜薬品の得意分野だ。同社と日東メディックが協力して、長い時間をかけて技術力を磨いてきた。

「年をとって目がよくなる人はいません。高齢化が進行する以上、目薬の需要も高まるはずです」と中井社長はいう。長期的な視野に立って、この分野に注力してきたことがわかる。また、世界を見渡すと、日本人ほど頻繁に点眼剤を利用する民族は少ない。PCやスマートフォンなどの普及に伴い、欧米などの諸国でも日本的な「目薬文化」が生れるかもしれない。そんな未来が到来すれば、大きなビジネスチャンスとなるだろう。

東亜薬品・日東メディックの提供する点眼剤、眼軟膏剤などの品質の高さは、多くの製薬企業から信頼され多くの顧客から生産を受託している。国内で、先発品と後発品を含め幅広い点眼剤に対応できる受託企業は少ない。そのポイントは独自の製剤技術である。溶けにくい成分の可溶化、不安定な成分の長期的な安定性確保など、難しいテーマに対応するにはさまざまなノウハウが必要だ。こうした歴史の延長上に位置しつつ、一種のジャンプを必要とするチャレンジがあった。2000年代前半にスタートしたバンコマイシン眼軟膏の開発である。

バンコマイシンは日本では感染症の治療薬として認可されている抗菌薬で、ほとんどの抗生物質が効かないMRSA（メチシリン耐性黄色ブドウ球菌）などの病原菌を殺菌することができる。M

RSAはしばしば院内感染などを引き起こすやっかいな多剤耐性菌だ。これを殺菌する力をもつバンコマイシンは、最強の抗生物質とも呼ばれた。

MRSA感染症を引き起こした場合、従来は注射や経口剤などでバンコマイシンを投与していた。しかし、感染した目の組織までは成分が届きにくい。そこで、自家調剤で対応する病院もあった。バンコマイシン入りの薬剤を別の眼軟膏に混ぜて目に塗布するというやり方だが、刺激が強いため痛みを訴える患者も多かったという。

「開発には7、8年かかりました。その間、いろいろなハードルを乗り越える必要がありました」と研究開発本部長の平本文隆《ひらもとふみたか》取締役は振り返る。まず、患者数が少ない。国内の患者は数千人程度なので、臨床データを集めることに苦労した。また、無菌状態での生産プロセスを確立するために試行錯誤を繰り返したという。

困難を乗り越える力になったのは、「世界初を目指す」という高揚感であり、苦しんでいる患者に対して「バンコマイシンという強力な薬を提供したい」という開発現場の熱意である。そんな思いは実を結び、2009(平成21)年に製造販売承認を取得。世界で初めて発売した「バンコマイシン眼軟膏1%」は、治療と患者のQOL向上に役立っている。

世界初だけに、海外からの注目度も高い。数年前には海外の大手製薬企業と特許に関するライセ

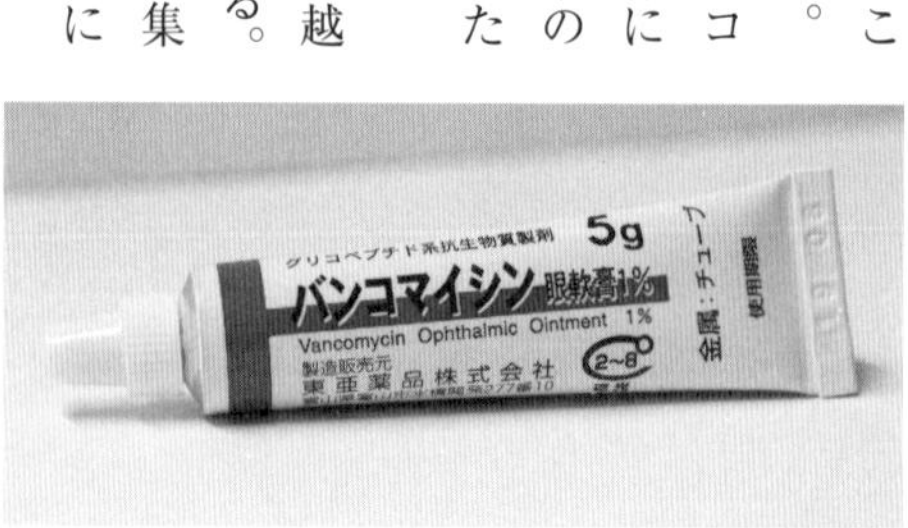

バンコマイシン眼軟膏1%

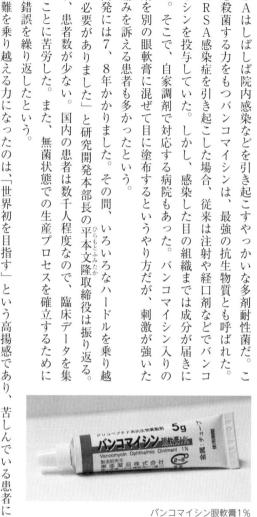

ンス契約を締結。東亜薬品が特許使用を許諾する代わりに、ロイヤリティ収入を得るというもの。このロイヤリティ収入は２０１７年頃から、同社の収益に貢献することが期待されている。

●医療用漢方薬から撤退。「選択と集中」を実行する

ＤＰＩ製剤、バンコマイシン眼軟膏に代表される点眼剤は東亜薬品の成長戦略を支える両輪である。同社はこうした得意分野を強化する一方で、事業の選択も進めてきた。時代の変化をみながら、「選択と集中」を進めてきたということだ。例えば、最近撤退を決めた医療用漢方薬。一定の利益を上げていた事業だが、中井社長は決断を下した。

「漢方薬については、原材料を中国からの輸入に頼っています。原材料の品質管理という面で懸念があり、思い切って漢方薬をやめることにしました。類似の製品を製造するほかのメーカーがあったので、撤退しやすかった面はあります」（中井社長）。

こうした考え方の中に、東亜薬品の経営方針を垣間みることができる。品質重視はいうまでもないだろう。先の両輪の技術と考え合わせれば、他社と同じようなことはしない、得意分野を磨いて独自の価値を提供するという姿勢が明確だ。言葉だけでなく、それを具体的に実行する。

「当社は品質に自信をもっています。ただ、高品質を実現するためにはコストがかかります。コスト競争力という点だけをみれば、必ずしもアドバンテージがあるとはいえないかもしれません。したがって、低コストのほかの工場に仕事を奪われる可能性もあります。例えば、製薬企業の窓口が

コスト重視の担当者に変われば、これまでの取引が見直されるかもしれません。競争環境の中でお客様との信頼関係をより強化するため、持続的な成長を維持するためには、独自の技術力を磨くほかありません」と中井常務は語る。

　現在、東亜薬品の売上高は１６０億円を超え、経常利益は20億円前後に達する。業績は好調だが、強い危機意識をベースに技術開発を推進する。

　その象徴ともいえるのが、１９９７（平成９）年に建設した本社管理研究棟、２００５（平成17）年に同棟に隣接して建設した医薬品開発研究所だろう。研究所には動物実験棟も設置された。富山県内で、動物実験棟をもつ製薬企業はごく少数だ。

　こうした技術重視の姿勢は、採用活動にも好影響を与えているようだ。

「北陸はもともと教育熱心なところで、優秀な人材が豊富。こうした地元の人材を確保できるのは非常にありがたいことです。特に開発部門には全国から応募者が集まります。ＤＰＩ製剤などの新しい取り組みに魅力を感じている学生も多いようです」と管理本部長を務める籏智《はたち》昌哉《まさや》常務は話す。

「優秀な開発スタッフがそろっているから、ＤＰＩ製剤やバンコマイシン眼軟膏などで成果を上げ

研究室

ることができました。充実した開発陣は、当社の大きな強みです」と中井社長。同社の新しい取り組みがさまざまな形で伝えられた結果、チャレンジしたいという意欲をもった人材を引きつけている。

「いかにワクワク感を醸成するか、楽しく仕事ができるような環境をつくるか。それは経営者に課された大きな役割だと思います。そんな環境をつくるためには、イノベーションに挑戦するしかない。そう思っています」（中井社長）。

●周辺産業との連携を強化し、富山の製薬産業の発展を目指す

東亜薬品の本社管理棟と開発研究所、富山工場は富山市三郷の富山企業団地内にあり、同市婦中町には西本郷工場がある。また、グループ企業の日東メディックは同市八尾町に本拠を構えている。

富山というロケーションが、同社にさまざまな恩恵をもたらしていることは間違いない。

「日本でこれだけ製薬関連の企業がそろっている地域はないでしょう。長い間、富山の企業は切磋琢磨しながら実力を高めてきました。当社もまた、このような環境に育てられた企業のひとつです。最近はこれまで以上に、製薬産業の振興を目指す県の熱意を感じます。産官学の連携もより緊密になってきました」と中井社長はいう。

いうまでもなく、製薬は富山県の基幹産業だ。現在、その生産額は6100億円を超えるが、県と業界をはじめ関係者はさらなる成長を志向している。「生産額1兆円を目指す」との声も聞かれる。

「製薬業界の企業はもちろんですが、機械や容器、印刷など周辺産業を含めた地域の総合力といっ

たものが問われます。周辺産業との連携を強化することで、この産業をより成長させることができるでしょう」と中井社長。東亜薬品にとって、多くの周辺産業の取引先はイノベーションのパートナーでもある。

中井社長が東亜薬品の経営を引き継いだのは、１９８７（昭和62）年のことだ。社長に就任してから30年近くになるが、赤字に陥ったことは一度もない。とはいえ、苦しい時期は何度もあった。そんなときには、明るい将来を思い描いたという。

「利益が出てないときには、利益が出ることを考える。利益が出ているときには、利益が出ないことを考える」というのが、経営者としての信条だ。中井社長はこの信条に従って、２０００（平成12）年前後からの企業変革をリードしてきた。

将来を託されるのは、中井常務や平本取締役らの若い世代だ。中井常務は次のように語る。

「ＤＰＩ製剤の専用工場、開発設備は、これからの時代を戦うために授けてもらった武器です。それは私がやったことではなく、先輩たちの努力の賜物です。当社には、いろいろなアイデアを試す文化があると思っています。アイデアを試さずにつぶすのではなく、とにかく一度やってみる。そんな文化を大事にしながら、新しい可能性にチャレンジして次世代につながるものをつくりたいと考えています」。

リスクを冷静に見極めつつ、イノベーションに取り組む。あるいは、新しいワクワクの種を探す。活動のフィールドは国内だけでなく、海外にも広がっている。

株式会社能作
NOUSAKU CORPORATION

世界で初めて錫100%の器を開発
新規用途開発や産業観光にも注力

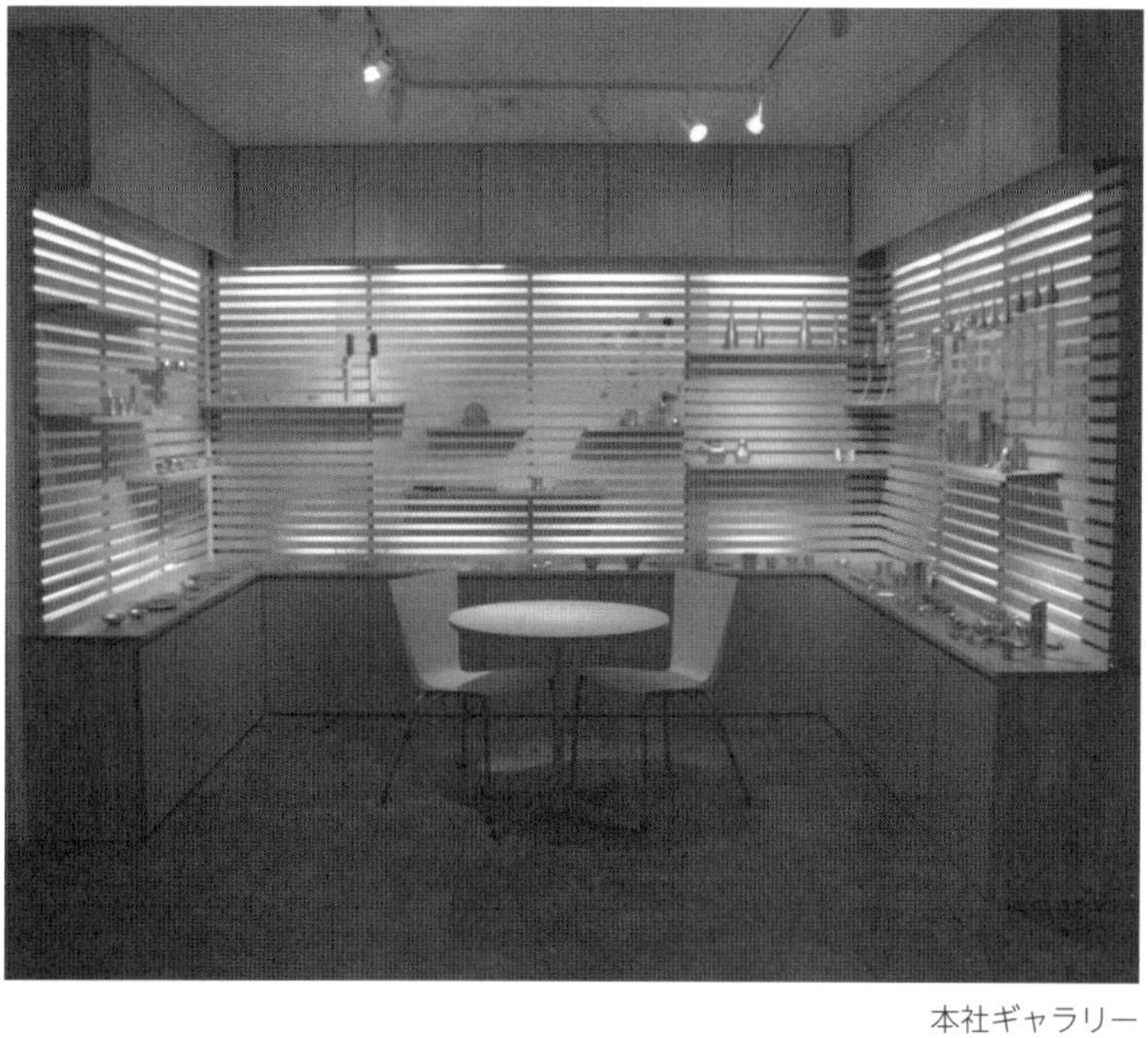

本社ギャラリー

株式会社能作
創業　1916(大正5)年
設立　1967(昭和42)年
事業内容　仏具、茶道具、華道具、インテリア雑貨、エクステリア、照明、錫(純度100%)製テーブルウェアなど鋳物の製造・販売
本社/工場　〒939-1118 富山県高岡市戸出栄町46-1

●衰退産業の鋳物を再び成長軌道へ

富山県高岡市は、鋳物の町として知られる。江戸時代初期、高岡城の開城からほどなく、産業振興策として鋳物師《いもじ》が集められたのが起源だという。以来、この地の鋳物産業は長年にわたって技術を培い、「高岡銅器」というブランドを確立した。しかし、多くの伝統産業がそうであるように、高岡の鋳物も長期的な衰退傾向を辿っている。背景にあるのはライフスタイルの変化だ。仏壇のある家は減り、銅や真鍮製の仏具の需要は先細りしている。

ただ、一方で将来につながる新しい動きも顕在化してきた。その中心にいるのが、株式会社能作を率いる能作克治《のうさくかつじ》社長である。錫100%の曲がる器は、今や能作の代名詞だ。例えば、鍋敷きのようにもみえる網状の金属。曲げると果物入れにもなれば、花器としても使える。「KAGO」シリーズと呼ばれる錫器は、能作を代表するヒット商品である。

能作克治代表取締役社長

以前からつくってきた仏具や茶道具などの従来商品は、現在、売上の5%程度まで低下。それほど、新規開発商品が伸びているということだ。同時に、販路も拡大している。直営店だけでも国内に10店舗を置き、海外ではニューヨークに進出。直近の売上高は11億円強。5年前の3倍に増えた。近年は2桁%の成長を続けている。

●ベルの失敗と風鈴の成功でつかんだ商品開発の方向性

能作社長は福井県の出身だが、20代半ばに高岡に移り住んだ。結婚した相手が、たまたま能作の先代社長の娘だった。後継者となることを期待されて、1984(昭和59)年に入社した。

「何も知らないところからのスタートでした。とにかく技術を身につけようと思い、18年間、職人として腕を磨きました。10年ほどたった頃には、問屋さんから『仕事がきれいだ』と褒めてもらえるようになりました。自信がついてくると欲が出

能作松屋銀座店

るもので、『ユーザーに評価してもらいたい』と思うようになりました」と能作社長は語る。

やりたいことはたくさんあったが、先代社長は「お前が代表になったらやればいい」という。能作社長が商品開発に取り組むようになったのは、社長に就任した2002（平成14）年からである。最初にしたことは、東京で開催された展覧会への出品だった。

「当時は並べるような自社商品がなく、以前から手がけていた仏具や茶道具の一部を手直しして並べました。私がこだわったのは、『素材のよさを引き出す技術力をみせる』ということです」と能作社長。素材そのものへのこだわりは、能作の一貫したポリシーだ。だから、素材の特性に逆らった商品は開発しない。素材の特性をいかに生かすかが、ものづくりの主要なテーマだ。

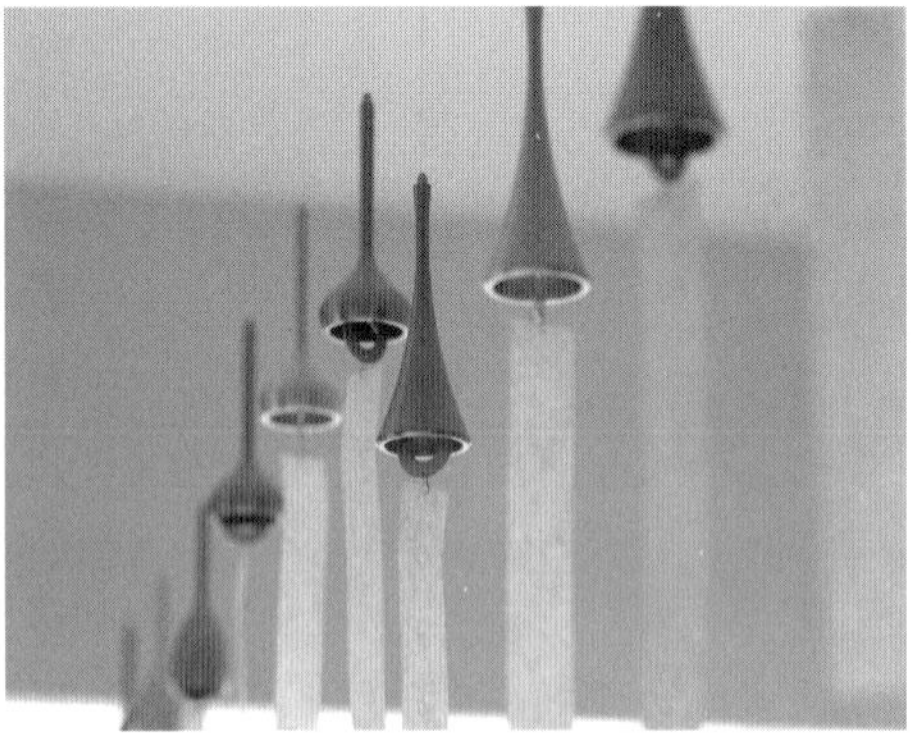
真鍮の風鈴

展覧会の後、能作の出品した商品をみた雑貨小売業の関係者から「うちで扱いたい」と連絡があった。多店舗展開する有名企業からの申し出に、能作社長は大きな手ごたえを感じた。新たに開発したのは食卓に置く真鍮のベル。真鍮という素材のもつ色つや、音色の美しさをアピールできると考えた。「まったく売れませんでした。考えてみれば当たり前で、日本では食卓でベルを鳴らす人はいません。そんなことをしたら、奥さんに怒られますよね。店舗スタッフから『音がきれいだから、風鈴にすればいい』といわれ、実際そのとおりにしてみました。すると、これが大ヒット。ユーザーの声を聞くことは大事だけれど、直接ユーザーにアクセスできないなら、店の人の声を聞こう。そう思うようになりました」と能作社長はいう。

ユーザー、またはユーザーに最も近い店頭に立つ人たちの声を聞くこと。そして、素材の特性を生かしつつ、能作ならではのデザイン性を盛り込む。ベルの失敗と風鈴の成功によって、大きな方向性が定まった。その後も、商品開発の主軸はぶれてはいない。

●発想のハードルを飛び越え、錫の曲がる食器を開発

能作は2006（平成18）年から、錫に取り組み始めた。きっかけは風鈴を提案してくれた、あの店舗スタッフの「金属で身近なものをつくれませんか」という一言だった。金属の身近なものといえば、食器だろう。能作社長はさっそく行動に移った。「最初に考えたのは、使い慣れた銅や真鍮です。保健所に問い合わせてみると、食品衛生法上、こうした金属は使えないことがわかりました。食器として使うためには、特殊な加工が必要になります。ステンレスも検討しましたが、融点がむちゃくちゃ高い。これでは設備投資が大変です。では、錫はどうかと考えました」（能作社長）。

ステンレスの融点は鋼種にもよるが、おおむね1300度以上。一方の錫は232度である。設備投資だけでなく、エネルギーコストの点でも錫のハードルは低い。ただし、発想のハードルは別

だ。これを世界で初めて飛び越えたのが能作である。

「日本では大阪や薩摩の錫器、海外ではマレーシアのセランゴールなどの産地が有名です。これらの錫器は、錫に銅などの金属を加えた合金です。錫だけでは柔らかすぎるので、別の金属を混ぜて硬くするのです。同じようなことをすれば物まねになります。じゃあ、うちは誰もやってない錫100％をやろうと思いました」と能作社長はいう。

錫100％が注目されなかった理由は、柔らかすぎるからだ。柔らかい金属なんて、金属じゃない。誰もがそう思っていた。しかも、柔らかすぎるので加工が難しい。

能作社長は当初、錫の柔らかさを克服しようとしてあれこれ試してみた。何しろ、ほとんどゼロからの開発なので失敗の連続だった。なかなか思うような結果が出ないとき、デザイナーから「曲がってしまうなら、曲げて使えばいい」といわれた。「柔らかい金属があってもいいじゃないか」と思えば、発想のハードルは消滅する。こうして生まれたのが、「KAGO」シリーズなどの一連の錫器である。

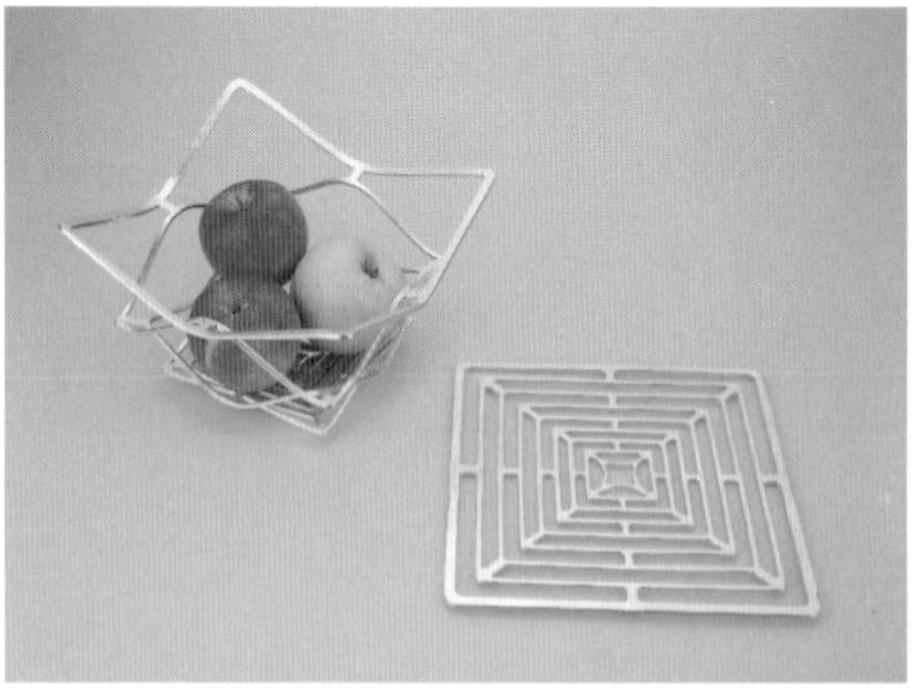
自在に曲がる錫(100％)製品。曲げて使う「KAGO」シリーズ

試行錯誤のプロセスを経て、能作は錫の鋳造や加工の技術を磨いた。その技術は、別の用途にも使われ始めている。医療器具である。

「展示会に出品していたとき、脳外科の医師が立ち寄ってくれました。手術のときに金属のヘラを使うらしいのですが、『これが曲げられたらいいよね』という話でした。ただ、体内に入れたときに問題があるかもしれないとも。そこで、国の補助金を得て錫の特性などを調べることにしました」（能作社長）。調査研究の結果、錫には優れた抗菌性があることがわかった。こうして、医療器具の開発がスタート。すでに商品化の認可を受けた商品としては、手術による開閉部を固定するための「リング開創器」がある。このほかにも、研究開発途上の器具がいくつかある。いずれも、錫の曲がりやすい特性を生かした商品である。

●高まりつつある独自商品開発の機運

能作社長の前には、なぜか絶妙なタイミングで絶妙な人物が現れる。雑貨店スタッフや脳外科医のような人たちである。「こういうものをつくりたいと考えていると、必ず取っかかりになるような出来事に出会う。なんてついているのだろうと感じたこともありますが、実は違うのではないかと思うようになりました。真剣に考えているからこそ、情報をつかむことができる。いい加減にやっていれば、チャンスが目の前にあっても気づかないのではないでしょうか」と能作社長。

能作社長のモットーは「続けること」、「あきらめないこと」、「仕事を楽しむこと」だ。それらが自然に、真剣さにつながっている。真剣に、楽しく、あきらめずに仕事をしていれば、その引力に引きつけられて能作のドアを叩く人が現れる。そんな出会いを、能作社長は大事にしてきた。

錫器などのヒットと能作の成長は、地元の業界にも好影響を与えている。高岡では「錫＝能作」のように思われている。ある工房から「うちも錫をやりたい」と相談を受け、能作社長は快く協力を引き受けた。小さな工房なので、高価な錫を大ロットで買うことができない。ならばと、大量に仕入れる能作から錫を分けることにした。ゼロからの開発で学んだノウハウも教えた。

「一種の共創です。特に伝統産業にとって、互いに助け合い協力しあうことはとても大事」と能作社長はいう。同じ考え方で、外注先の工場にも接している。「錫100％はうちが最初に始めたけど、技術を囲い込むつもりはありません。外注先にはノウハウとセットで出しています。そうすれば、外注先の工場にもノウハウがたまる。どこかのお客さんから『能作みたいな感じで仕上げてよ』と頼まれれば、その仕事を引き受けることができます」（能作社長）。

今、高岡には錫を扱う工場が10社程度に増えた。「高岡錫器」というブランドが広まることが、能作社長のひとつの目標である。

錫に限らず、高岡では自社開発の機運が高まっている。工場だけでなく、問屋の中にもデザイン開発に取り組む企業が出現。能作が投じた一石が、地元にポジティブな波紋を広げているのだろう。

高岡の鋳物産業の規模は113億円と推計されている。鋳物業界に携わる人たちは、お互いによく知る者同士だ。だから、「あいつができるなら俺も」という気持ちが膨らんでいく。国内外問わず、産業の集積地でよくみられる現象だ。能作社長は「最近、高岡発のブランドがたくさん生まれているのですよ」とうれしそうだ。

●多くの見学者を受け入れるため産業観光部を設置

能作社長がいま注力している事業のひとつに、産業観光がある。能作は以前から、積極的に工場見学を受け入れてきた。高岡の小中学校には「ものづくりデザイン科」という活動がある。子どもたちに伝統産業に親しんでもらおうとの狙いで、10年ほど前に始まった授業だ。「ものづくりデザイン科がスタートするとき、『能作を見学コースにしたい』といわれて引き受けました。地元の子どもたちが伝統産業を知ることはとても大事です」。

能作社長がそう考える背景には、ひとつの課題意識がある。それは、「地元の伝統産業を、地元の人たちが知らない」ということ。知らないから、「鋳物産業は衰退する一方だ」といった表面的なイメージだけが語られてしまう。大人たちがそう思っていれば、子どもたちもネガティブな影響を受ける。世界に通用する素晴らしい技術があるにもかかわらず、である。そんな現状を変えたいと能作社長は本気で考えている。だから、できる限り工場見学を受け入れる。5年ほど前までは、能作社長がほぼ一人で見学者に対応していたという。ところが、見学者の数は予想を上回る増加をみせた。2014年は4000人、翌15年は6000人。2016年には1万人を超えると見込まれる。

能作は2017年春、新社屋に移転する予定だ。生産能力は1.5倍に増え、外注を含めるとほぼ2倍の需要に対応できる。ヒット商品を連発したことで、長らく需要に供給が追いつかない状態が続いたが、これにより供給能力不足という課題はかなり解消される。新社屋建設のもうひとつの狙いが、産業観光である。能作には産業観光部という部署があり、5人の部員が所属している。「行政機関はともかく、こんな部署のある民間企業はうちだけでは」と能作社長。確かに、珍しい組織である。

「新社屋は産業観光を前提にデザインしたので、多くの見学者を受け入れられるようになります。見学は無料。当面は採算を考えずに運営しますが、いずれはビジネスとして成立させないといけません。見学者への自社商品販売と有料の体験工房が、産業観光部の収益の柱になるでしょう」と能作社長。

県外からの観光客だけでなく、地元の人たちにも来てもらいたいと能作社長はいう。特に地元の子どもたちだ。「高岡の銅器や錫器は、こんな風につくられているということを知ってもらいたい。高岡の鋳物の歴史や、素材についても知ってもらいたい。そうすれば、大人や子ども、多くの人たちが鋳物を地元の誇りと感じるようになるはずです」と能作社長は語る。

新社屋には、見学者のためにカフェも併設される予定だ。いずれは、ここを産業観光または富山県観光のハブにしたいと能作社長は考えている。

「新社屋は高速を降りて3分の場所です。ここからなら、富山県全域に1時間で行くことができる。この立地を生かして、『能作に行けば、次の立ち寄り先の情報が手に入る』という状態にしたい。いわば、観光案内所です。次の目的地に足を延ばして買物などもしてもらいたいので、ここには自社商品以外は置きません」(能作社長)。

蒲鉾などの富山名物を販売すれば儲かるかもしれない。しかし、それでは富山県のほかの地域に足を運ぼうという観光客が少なくなるかもしれない。そんな地元への配慮である。

●100周年記念事業として作品集を刊行

もうひとつの挑戦のテーマがグローバル展開である。実はイタリアのミラノに直営店を出店したのだが、ビルオーナーの都合でいったん閉店。冒頭で触れたニューヨークの店舗は2016年12月にオープン予定。いくつかの日本企業と共同での出店である。

能作社長が注目するのは欧米とアジアだ。例えば、東南アジアでは能作社長がトークショーに登壇し、イベントとセットで商品の販売も行っているという。「海外で売るためには、現地のニーズを知ることは何より重要です」と能作社長はいう。例えば、韓国で箸置きを販売したときのことだ。韓国人も箸を使うので、日本と同じような箸置きをつくった。しかし、売れない。韓国の人たちに聞くと、「箸とスプーンの両方を使い分けながら食べるので、両方を置けるような形状でないとだめ」といわれた。同じような失敗をいくつも経験しながら、能作は海外への展開を一歩ずつ進めてきた。

「現地のニーズを知るには、現地のデザイナーなどと一緒にやるのが一番です。フランスではフランス人のデザイナーと組んで、三ツ星レストランなどに食器を納入するなど一定の成果を上げています」と能作社長は語る。

2016年、能作は100周年の節目を迎えた。100周年記念事業として選んだのは、地元の職人100人の協力を得て生まれた作品と作品集だ。一般に、職人が自分の名前で作品を発表する機会はほとんどない。能作社長はここに石を投げ込んで、さざ波を起こそうとしている。

「次の100年につながることをやろうと思いました。うちがつくった『そろり』という花器を100人に提供し、これに自由に手を入れて作品として仕上げてほしいと依頼しました」(能作社長)。

豪華な作品集には、伝統を感じさせる作品もあれば、現代的なものもある。100人の個性が競い合いながら、ハーモニーを奏でる。ひとつひとつの作品には職人の名前が記され、日本語と英語で説明書きが加えられている。

「私たちはメーカーの立場ですが、店舗や消費者の声に接することで次のテーマがみえてきました。クレームもあれば、褒められることもあります。そんな経験が、新しい商品開発につながります。世の中の視線にさらされることが、力になるのだと思います。おこがましいことかもしれませんが、そんな環境を職人さんたちに提供できないかと考えました」と能作社長はいう。

作品集は一般向けに販売される。これを目にした誰かが、思いがけない反応を返してくれるかもしれない。この作品集もまた、能作社長の考える地域貢献のひとつである。

能作100周年記念作品集『100のそろり』

ファインネクス株式会社

FINECS CO.,LTD.

日本一小さな村へ世界から注文が来る
圧造加工、複合加工の世界No.1企業

ファインネクス本社工場

ファインネクス株式会社

設立　1969（昭和44）年3月
事業内容　金属線材の圧造加工、複合加工による電子部品製造
本社　〒930-0281 富山県中新川郡舟橋村舟橋415

●卓越した技術と正確無比の品質管理

富山駅から富山地方鉄道で15分、越中舟橋駅に降り立つと「ようこそ 日本一小さな村へ」と書かれた看板が迎えてくれる。富山市内から車でも20〜30分の距離にある舟橋村は日本一面積が小さい地方自治体だが、富山市のベッドタウンとして人気があり人口が増え続けている。そこにあるのが、ノートパソコンやモバイル向けPGAピン、IC用マイクロピンの生産量世界No.1を誇るファインネクスス株式会社だ。

ファインネクスは、金属線材の圧造加工、ヘッダー加工で世界をうならせる技術をもつ。圧造加工の市場規模は比較的ニッチで小さいが、エレクトロニクス製品には欠くことのできない部品であり、その品質がセット製品の成否を握るため、高精度高品質が要求されるものだ。

松田竜彦社長の祖父である松田秀雄氏が、1969（昭和44）年に東洋産業株式会社として創業（法人改組）する前までは、工業用縄線を機械で編

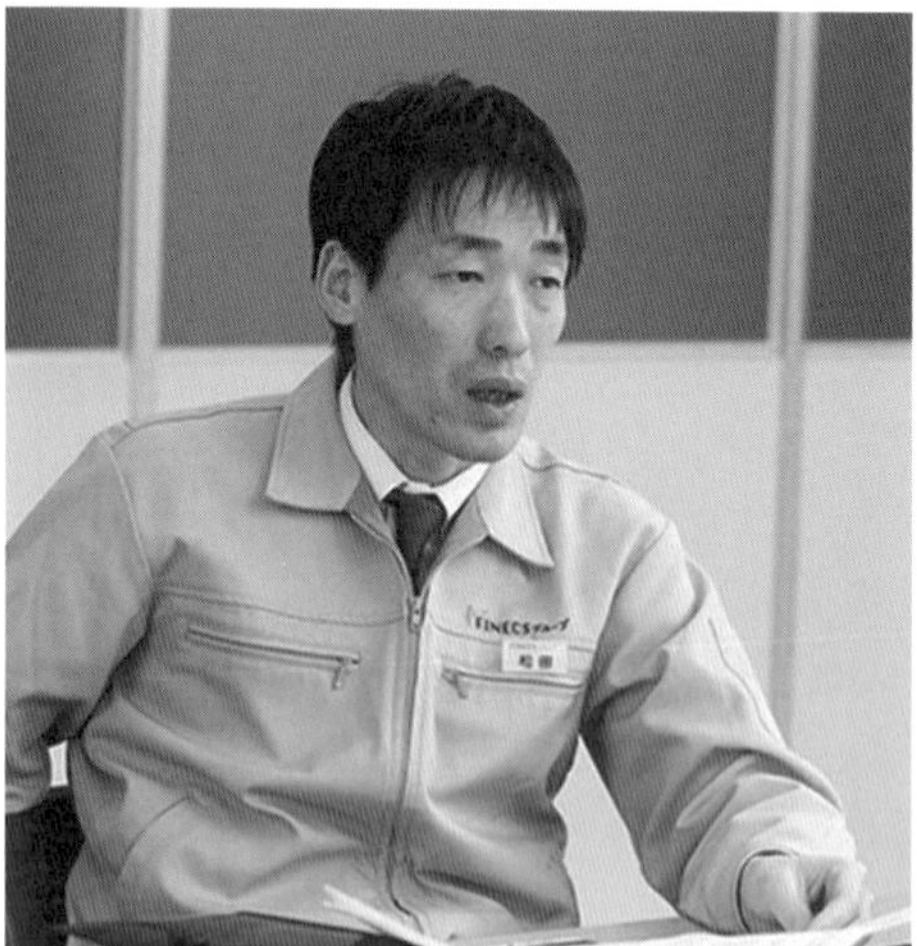

松田竜彦社長

む事業で、自宅の敷地の一部を工場にしていた。そこから転じて、創業時に中古の自動加工機を購入して、金属線材の圧造加工が始まったという。

創業期より「生産機械は自社開発する」方針が立てられ、加工設備の設計部が設けられた。1974年に工機部を設け、製品の自動加工機の自社開発、自社製作に取り組む。やがて民生家電品や自動車用のコネクタやセンサなどの電子部品（OEM）を手がけるようになった。

「圧造加工の設備や金型をつくってくれる所がなかったので、自社でつくるほかなかったのです。自社でやれば注文にも素早く対応でき、工夫もできる。試行錯誤を重ねる中で技術が磨かれ、蓄積されます。結果として、新しいもの、難しいものの注文が多くなり、さらに技術力が上がります。こんな目的でこんなものが欲しいんだけど、と相談されることもあるし、こちらから提案をするこ

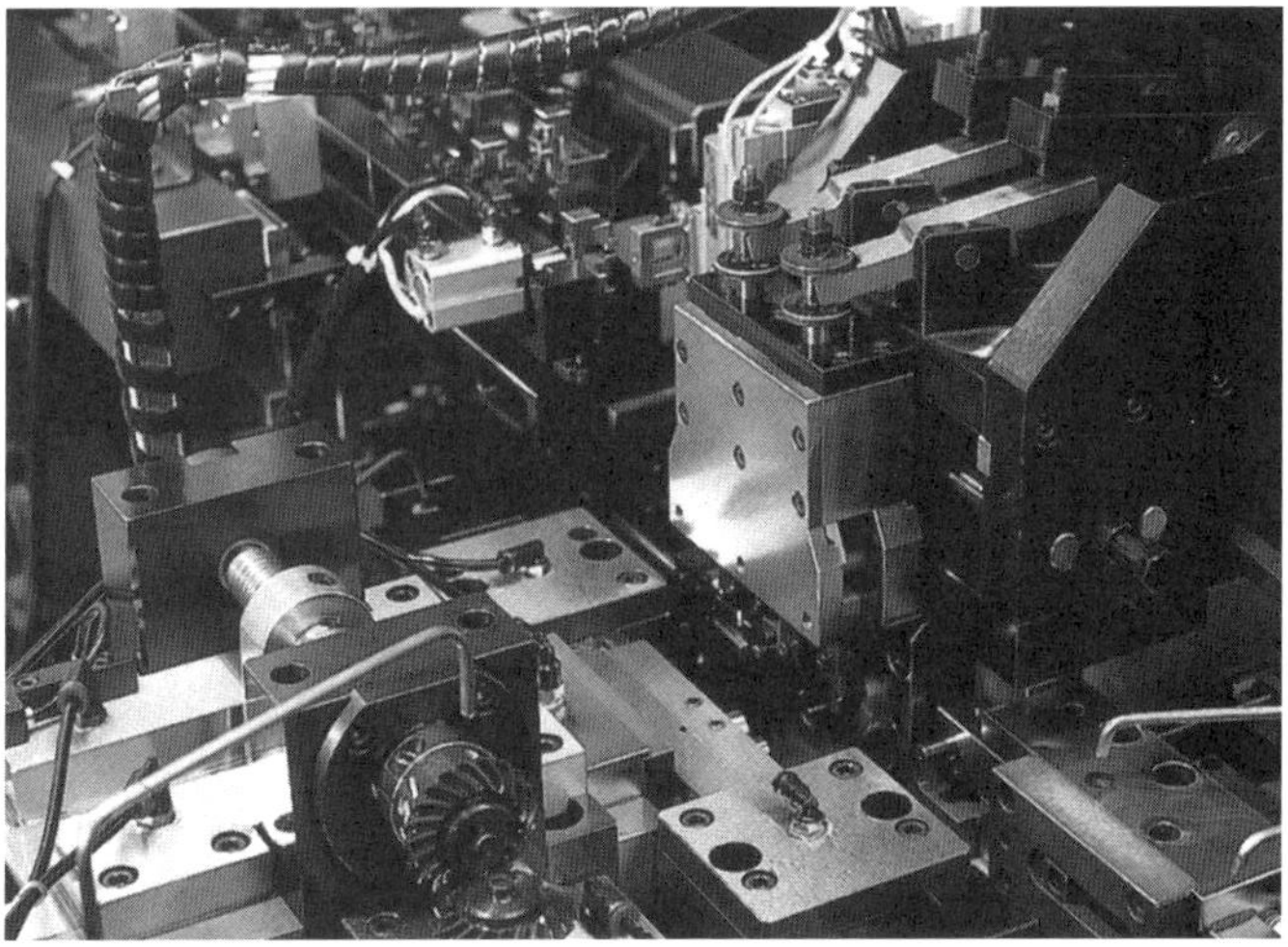

自動化された本社工場

ともあります」と松田社長はいう。

●自社開発の自動機で精密電子部品を一貫生産

ファインネクスが大きく飛躍したのは、ノートパソコン生産の急増に伴うPGAピンの需要の増大だった。

PGAとは、パソコンのCPU（Central Processing Unit ＝中央演算処理装置）のマザーボード基板へ装着接続する部分が、金属の端子ピンになっているもので Pin Grid Array の略名である。非常に微細で金属が剣山のように並んでいる基盤で、ピン1本の不良も許されない重要な部品だ。

金属線材の圧造加工（ヘッダー加工）において、材質、形状、表面処理の違いなどにより、5000種以上の製品で顧客ニーズに対応できる

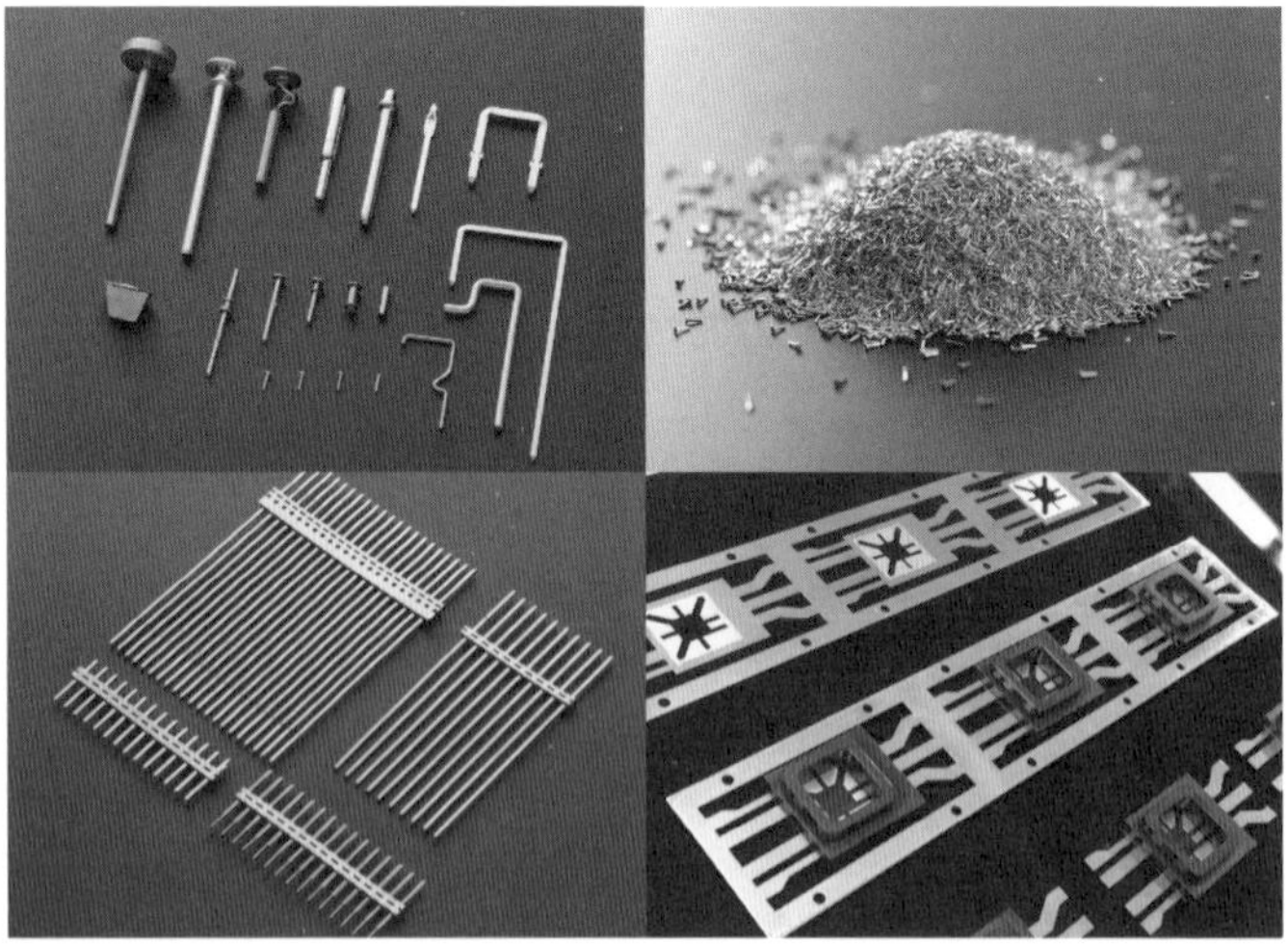

各種ピン端子加工（左上）、PGAピン（右上）、バンドリア（左下）、車載センサインサート（右下）

点と、誤差3μm以内の高品質な製品を長年にわたり安定供給する品質管理体制がある点で、ファインネクスに並ぶものがなく一時代を築いた。

ファインネクスの事業を確実なものにしたのが、自動加工機や生産設備の内製化だった。線材から伸線加工し、材料の表面処理めっき加工を行い、端子ピンに圧造加工する。さらに組み立てて、製品検査を行う。そのほぼすべての工程の生産設備や画像検査装置を自社での製作によって行っている。これが品質を維持するファインネクスの強みだ。1996（平成8）年にはISO9001を、2008（平成20）年にはISO14001も取得している。

端子ピン、圧造パーツ以外のコネクタ部品やセンサ部品のOEM加工製造も増え、自動車、モバイル端末、産業機器、医療機器に使用される電子部品の需要も増加している。「複合加工」を、金属条材のプレス加工、表面処理めっき加工、成形、インサート一体成形、自働化組み立てなどの各製造と加工の工程の総称として呼んでいる。コネクタやセンサなどの各種電子部品の製造において、その加工設備や金型を内製し、自働化によるものづくりを徹底して追及している。そして圧造加工、複合加工の一気通貫のワンストップソリューションとして提供できる体制を日々進化させて、顧客にファインネクスらしい独自の価値と満足を提供している。

その製造技術力の高さは、業界では早くから評価が高く、2009（平成21）年6月、経済産業省・中小企業庁「2009年元気なモノ作り中小企業300社」を受賞。2011年4月、「富山県中小企業経営モデル企業」の指定を受ける。2013年9月には経済産業省主催・内閣総理大臣表彰「第5回ものづくり日本大賞　製造・生産プロセス部門優秀賞」を受賞するなど注目度も高い。

●3つのファインを実現する 業界グローバルニッチNo.1企業に発展

2001（平成13）年は、ファインネクス改革の年だった。1998年に第二代社長に就任した松田登氏（現会長）は、2000年に資本金を2億9967万円に増資。そして2001年5月には富山市水橋に、上条《じょうじょう》工場を新築し、伸線や端子ピン、圧造パーツの生産拠点とした。登氏はその頃、「端子ピン、圧造パーツの品質や製品精度に応えようとすると課題が次々と浮かび上がり、大変苦労したが、その甲斐あって、新型の端子ピンは完成しました。この新型の端子ピン開発に向けた当社の取り組みが、後の技術力と生産力の布石になってくれたことに感謝しています」と語っている。

富山市上条工業団地にある上条工場、JMT 工場、JMT 南工場

同時に東洋産業からファインネクス株式会社に社名変更を行った。この命名は英語のＦＩＮＥ（素晴らしい）とＣＳ（Customer Satisfaction＝顧客満足）を合成した命名であり、また、もうひとつのＣＳ（Colleague Satisfaction＝社員の幸せ）も意味している。掲げられた３つのファインには、企業として目指す理念と思いがこもっている。

①ファイン・エンジニアリング（未来を拓く最新の技術を追求します）
②ファイン・コミュニケーション（人と社会に最善の信頼を築きます）
③ファイン・サービス（お客様に最良の品質を提供します）

さらに同年９月に本社と同じ敷地内ながら、工機部をファインネクスマシーン株式会社（資本金５０００万円）として分社。同社はグループ企業が使用する機械および金型の製作を一手に担っており、ファインネクスグループのものづくりの土台として大きく貢献している。

順調な事業拡大に伴い、２００３（平成15）年に上条工場の隣接地に表面処理めっき加工を行うＪＭＴ工場を建設。続いて２００５年ＪＭＴ南工場（プレス・成形・一体成形部門）、２００７年上条工場増築と拡充を重ねてきた。本社工場と合わせて４工場の総床面積は、約７万㎡である。コネクタやセンサとして使用される自動車用部品、エレクトロニクス部品の製造を行い、１万単位から数億単位まで多様なロットに対応している。

営業拠点は本社（富山）、東京支店、大阪支店、シンガポール現地法人を開設している。２０１２年にはベトナム南部ホーチミン市近郊のビンズオン省にファインネクスベトナムを設立し、海外の生産拠点とした。2013年には台湾に現地法人を開設している。将来を見据え、富山とベトナムの2極体制にてグループの使命の実現ができるように準備を進めている。

●ドラッカーに学んで「使命」を制定

「この地は私が生まれた場所。子どもの頃は住まいの隣に工場がありました。今も、植え込みの一部と鯉の棲む池だけは残してあり、憩いの場です」と語る松田社長は、大学を卒業後、電子部品メーカー勤務を経て2002（平成14）年ファインネクス入社。2015年4月、39歳の若さで第三代社長に就任した。学生時代にはバイクで日本一周のひとり旅をしたり、社会人になってからもアジア、ヨーロッパ、北米を回ったという行動派。一方で、ピーター・ドラッカーの経営哲学に惹かれて、ドラッカーマネジメント経営塾に参加して学んだり、また、

ベトナム・ビンズオン省のファインネクスベトナム

京セラの創立者稲盛和夫氏の盛和塾にも参加し、経営哲学（フィロソフィー）を学び導入するなど、視野の広い経営者の道を歩んでいる。なお、学ぶだけなく、役員にも講座受講を求め、社員たちの勉強会も実施して、経営哲学の共有と使命の実現に向けて、実践を図っている。

ドラッカーは「組織はすべて、人と社会をよりよいものにするために存在する。すなわちミッションがある。目的があり、存在理由がある」（上田惇生訳『経営者に送る5つの質問』より）といっている。松田社長もファインネクスグループの「使命」を次のように定めた。

いい会社を創ります。
私たちは、圧造加工、複合加工、自働化を極め、
社会に役立つ「新しい価値」を創造します。

「自動機の社内製作を行い、それを用いて、圧造加工、複合加工、自働化を卓越性をもつまでに極める。そのことによってさまざまな『いい』部品を提供する会社として、お客様と社会に貢献することが使命であり、社員一人ひとりの目標がこの使命に一致することによって『いい会社』になる」と松田社長は考えている。

いい会社とは、1．いい製品やサービスによってお客様に喜んで頂ける会社、2．全社員が日々意欲的にわくわく挑戦し幸せである会社、3．ひとつにまとまっていて、強くて誠実な会社、と定義している。

「使命」の実現に向けた経営基本方針6項目も社員に示した。①使命の実現と顧客の創造：常にお客様の視点に立つ、②人間本位の経営と社員の成長、③ファインエンジニアリング：技術を磨き極める、④部門別採算制度と業績向上：リーダー育成と全員参加型経営の実現、⑤改善力：常に創造的な仕事をする、⑥付加価値の高い仕事に挑戦する。

今まで具体的に表されていなかった会社の在り方が、新社長の打ち出した言葉によってくっきりと浮かび上がり、社員に新鮮な刺激を与えたに違いない。恵まれた就労環境に満足するだけではない、社会に貢献するという目的をもって働く意識が醸成されつつある。

●多様で強力な自発的な人材の採用と育成、新しいチャレンジ

「部門採算制度」を導入したのも松田社長の新しい方針だ。工場内の清掃や規律を守るばかりではなく、「自分たちの飯は自分たちで稼ぐ」ことを求める。それというのも、リーダーを育成し、「全員参加型経営」により、企業も社員も成長することを目指しているからだ。そのための環境づくりも行っている。社内に「コンパルーム」をつくり、社員がお酒を酌み交わし、仕事について、悩みや課題について、また、夢や目標について素直に社員同士が語り合える場を設けた。利用は活発で昨年1年間で20回以上もコンパが開かれた。スポーツレクリエーション大会や社員旅行も、社員による親睦会が企画開催している。

松田社長を指して中村晋也取締役は、「社長は考えも新しいいし、行動も早い」といい、「社長に就

任してすぐに電力費を半減する省エネ創エネのプロジェクト『ＥＬＥＣ（エレック）50』を実施することになったのだが、その際も信頼できるコンサルティングの協力を得て客観的視点も取り入れながら業務を遂行する慎重な一面がある」と信頼を寄せる。

ファインネクスの「ＥＬＥＣ50」は、太陽光発電や地下水温熱利用（氷蓄熱槽やヒートポンプによる空調）を行っている。また、ＬＥＤ照明器具の導入や、遮熱断熱の施工、コンプレッサの運用改善や電力の見える化なども行っている。

グローバル化が進行し、テクノロジーの進歩と変化が激しい時代になっても、自動加工機、金型、組立機などほぼすべてを設計から製作まで内製化する強みと伝統に変わりはない。また、グループ全体で約４００名の従業員の大半が機械系などの技術系エンジニアで、新卒採用もほぼ工学部系が中心だ。営業や関連部の仕事も製造現場を知り、製品や技術の知識がなければ務まらないからだ。勤務先は県外や海外になる場合もあり、全国から人材を求めている。

富山市内の市電には4連中吊り広告を出している。テレビＣＭや、新幹線富山駅構内にデジタルサイネージ広告を出したり、ＷＥＢ採用専門ページを開設したりするなど採用活動を継続的に行っている。

「いい会社、いい部品をつくっていく、そして、圧造、複合加工を極め、強みである自働化を進めていき、社会に役立つ新しい価値を創造していく」というファインネクスの使命と業務内容に共感してくれる、ものづくりでお客様や社会に貢献したいエンジニアやスタッフを求めている。

●ファインネクスグループの使命とビジョンを自動車部品製造で実現していく

日本の基幹産業のひとつである自動車の技術革新は急速で、ハイブリッド、プラグインハイブリッド、電気自動車、燃料自動車など大きく変化しつつある。電気とモーターによって駆動する車の電装化はますます加速し、それにＩｏＴ（Internet of Things）の潮流や環境にやさしい車づくり、ＡＤＡＳ（Advanced Driving Assistant System）による自動運転技術の進化が相まって、コネクタやセンサなどの電子部品もより新しくより進化した仕様の製品が求められるようになる。

「この大きな環境の変化の中に、新たなニーズとチャンスがある。ファインネクスは『世の中に新しい価値と満足を提供していく』マーケティングとイノベーションの考え方に基づき、車載向け電子部品の製造を通して、お客様と社会に貢献していきたい。自動車が好きな人、車載部品をつくりたいエンジニア、ものづくりが好きな人……。新卒、中途を問わずそんな社員が集まって、お客様にたくさん『ありがとう』といっていただける仕事をしていきたい。今後も卓越性のある技術を徹底的に追及して、極めていきたい。業界№１になればなるほど、世界中から声がかかります。時代の変化とともに、継続的に顧客に新しい価値を提供するためには変化も必要。社会の変化に対応し、変えていくべきところは変えていきます」。

外見は気負う様子のみえない松田社長だが、ふるさと富山への愛情と、グローバルニッチ№１企業としてのさらなる使命の実現に向けて、静かに熱意を燃やしている。

富士化学工業株式会社

Fuji Chemical Industries Co., Ltd.

抗疲労で注目を集めるアスタキサンチンで ライフサイエンス分野を切り拓く

本社外観

富士化学工業株式会社

設立　1946(昭和21)年10月10日

事業内容　医薬品製造・販売、医薬原薬受託合成・加工、食品添加物製造・販売

本社　〒930-0397 富山県中新川郡上市町横法音寺55

●医薬品で培った専門技術を疾病予防や健康増進の分野で

富士化学工業株式会社は第二次世界大戦敗戦後の混乱期に、人々を苦しみから救済する「経世済民」の志のもとに創業され、以来70年、原薬・医薬品製造を中核として、今日まで堅調な業績発展を続けてきた。

1995（平成7）年に西田光徳氏が第三代社長に就任すると、「他社にないもの、できないことをやる」という先代で、父西田安正社長のベンチャー精神を受け継いで、新分野である「ライフサイエンス事業」に乗り出した。「医薬品で培った専門技術・ノウハウを、病気の予防や健康増進の分野で生かせるのではないか」という思いからであった。富士化学工業で手がけるべきものを探し、さまざまなチャレンジが重ねられた。

そして先制（予防）医療やアンチエイジングに効果が期待される天然素材として最終的に西田社長が着目したのが「天然アスタキサンチン」だ。

人間の「老化の原因」は諸説あるが、活性酸素による細胞の「酸化」の影響が大きい。細胞や遺伝子は、体内にある活性酸素によって「酸化・損傷」を受けるからだ。活性酸素を抑制するにはいくつかの方法があるが、副作用などがなく、体に最もやさしい抗酸化作用をもたらすのが、「天然アスタキサンチン」である。

アスタキサンチンはカニ、エビなどの甲殻類の体内に蓄えられる赤い色素として知られ、ビタミンEの１０００倍ともいわれる強力な抗酸化力、さらに抗炎症作用など優れた生理作用を有する。
アスタキサンチンは、もともとヘマトコッカスという藻がつくり出す。サケは本来、白身の魚だが、海に流れ込んだヘマトコッカス藻を食べたオキアミやエビをエサとしているため、食物連鎖によってその赤い色素が体内に蓄積して赤身となる。サケは産卵のため川を遡上するが、そのときの疲労、ストレスの軽減にアスタキサンチンが深く関与しているといわれる。

しかし、１９９６（平成８）年頃、「天然アスタキサンチン」（主にオキアミ由来）はキロ当たり３０００万円と高額だったため、市場の大半は「合成アスタキサンチン」が占めていた。

同社ではあくまで天然アスタキサンチンにこだわり、１９９９（平成11）年アスタキサンチン含有量の多いヘマトコッカス藻の大量培養を静岡県三島で開始。これを工業的に大量抽出すればコストは10分の1程度になる。しかし、安定的に培養するためには年間を通して豊富な太陽光（特に紫外線）と冷却用の水が必要となる。天候が良く、水の確保ができる培養地探しが課題であった。

西田光徳社長

２０００（平成12）年、最適地として選ばれたハワイ・マウイ島へ工場を移した。

同年にアスタリールオイル（ヘマトコッカス藻抽出色素）、２００１（平成13）年にアスタキサンチンの原料（商品名：アスタリール®）および製品の製造販売を開始した。富士化学工業のアスタリール®は、細胞壁破砕とアスタキサンチンの抽出を同時に行うワンステップ製法の開発成功によって、アスタキサンチンの有用成分の劣化や分解を防ぎ、臭いの除去、安定性の向上を実現した。現在、さまざまな用途、摂取形態に対応できるよう「アスタリール®オイル」、「アスタリール®パウダー」、「水溶性アスタリール®液」、「アスタリール®WS液」の製品がある。

２００３（平成15）年にはヘマトコッカス藻の工業的屋内タンク培養に世界で初めて成功したスウェーデンのバイオベンチャー・アスタカロテン社（現在のAsta Real AB）を買収した。

２０１０（平成22）年、富士化学工業のアスタキサンチ

アスタリール®オイル5F：食品用（ソフトカプセル、マイクロビーズなど）（左上）、
アスタリール®オイル50F：食品用（ソフトカプセル、マイクロビーズなど）（右上）、
アスタリール®パウダー20F：食品用（錠剤、ハードカプセルなど）（左下）、
水溶性アスタリール®液：飲料用、食品用（グミ、ゼリーなど）（右下）

ンは米国FDA（食品医薬品局）により食品素材としての安全性を認められた「GRAS」の認証を取得した。米国FDAから得た安全性に関する「お墨付き」はすぐさまグローバル市場での需要を拡大する追い風となった。

2012（平成24）年にはアスタキサンチンの高度な製造技術開発と製品化の取り組みで「第4回内閣総理大臣表彰ものづくり日本大賞　優秀賞」を受賞した。

2011（平成23）年、アスタキサンチンの生産をスウェーデン工場に集約し、増産体制を強化。2014（平成26）年には米国ワシントン州モーゼスレイク市に工場を建設・稼働させた。これによって生産力が3倍になった。

こうして同社は、世界で初めて天然アスタキサンチンの安定的な商用生産を成し遂げ、現在、天然アスタキサンチン市場でのリーディングカンパニーとなっている。さらに、大学や研究機関と共同して、眼の調節機能改善、筋肉持久力向上、抗疲労、血管の内皮細胞保護、美肌作用などアスタリール®の用途開発研究にも取り組んでいる。

米国ワシントン州モーゼスレイク市工場

食品メーカーなどが、健康補助食品の素材としてアスタキサンチンを採用し始め、富士化学工業のアスタキサンチンの原料シェアは約7割に達している。国内市場に出ているアスタキサンチンを含む商品の多くが同社の原料を使っていると推測される。

富士化学工業グループは、長年培った原薬・医薬品事業が売上高の約70％を占める。アスタキサンチン事業は約30％を占め、成長を続けている。西田社長は「天然アスタキサンチンが事業として軌道に乗り始めたのは数年前からです。予防医療への時代の変化を感じます。原料、商品を合わせて100億円の事業に育てたい」と意欲的だ。

●敗戦後の混乱期から生まれた「経世済民」の志

富士化学工業は、1946（昭和21）年10月、敗戦後の深刻な食糧難の中で、パン用イースト菌製造を主体とする北陸化学株式会社が富山県上市町に設立されたことに始まる。初代社長と専務は西田正義氏、西田安正氏の兄弟である。西田家は代々、上市町で味噌・醤油の醸造や酒類の販売などを営んでいた。

正義氏は長男、48歳で終戦を迎え、末っ子で22歳下の安正氏は大学卒業後、海軍主計大尉としてニューギニアに出征し、1946（昭和21）年に南方戦線から復員し、専務として兄の仕事に合流した。

しかし、イースト菌の需要は思うように伸びず、人の役に立つ事業を求め製薬事業への転換を図った。1951（昭和26）年、大戦時に陸軍薬剤官を務めていた石野誠三氏を迎え、胃病を治すための制酸剤の研究開発をスタート、1954（昭和29）年に「ノイシリン®（以下ノイシリン）」（一般名：メタケイ酸アルミン酸マグネシウム）の開発に成功すると、業績は一気に好転し始めた。

戦争から生還したことを「奇跡」と受け止めた安正氏は、これからの人生は微力ながら世の中のためになる事業をしようと考え、事業に邁進。そうした「経世済民」の高い志は、現在に至るまでの富士化学工業の精神として受け継がれ、「屋台骨」となっている。

無機医薬品（炭素を含まない無機化合物による医薬品）であるノイシリンは胃酸の中和能力、即効性、持続性において既存の制酸剤を大きく上回り、副作用も少なく、理想的な制酸剤として高く評価された。

「1954（昭和29）年にノイシリンの量産体制に入るとともに、北陸化学は現在の『富士化学工業』に社名変更しました。富士化学の『富士』は日本の代表的な名山であり、今後は国内だけでなく国際的にも飛躍を期す、という思いがあったのです」（西田社長）。

そして工場の拡張と機械設備の一層の充実により量産体制を強化し、1957（昭和32）年には、アメリカ、イギリス、ドイツなど6か国にノイシリンの特許を出願した。1962（昭和37）年にはフランスへの輸出も開始し、ノイシリンは世界的な制酸剤となった。

●独自の発想・研究・技術で「ほかではできないこと」を

業績が拡大の一途をたどっていた1962（昭和37）年9月、初代社長の正義氏が病に倒れ65歳で亡くなった。

第二代社長に安正氏が就任した同年には有機医薬品（有機合成によってつくり出される医薬品）に進出し、「塩酸ピペサネート」の工業化に着手。1966（昭和41）年には有機薬品「ピペサネル」（鎮痙薬）を量産化。無機医薬品製造と有機医薬品製造の二本柱によって、日本の医薬界に確固たる地位を築いていった。

また、設備投資の一環として1965（昭和40）年に初めて導入した「スプレードライヤー」は、噴霧乾燥によって薬剤を造粒加工する設備。真球に近い造粒品を大小さまざまな形で迅速に仕上げることができ、自社医薬品製造に用いるだけでなく、受託事業で顧客の製薬会社のニーズを拡大し、躍進を加速させることになった。

1966（昭和41）年には「2号スプレードライヤー」が完成。1969（昭和44）年、郷柿沢《ごうかきざわ》地区に事業拡大のための工場用敷地（3万2968坪）を確保。1974（昭和49）年には郷柿沢工場に有機薬品工場第1棟、無機薬品工場、「3号スプレードライヤー」を完成させた。

スプレードライヤー施設

1977（昭和52）年、安正氏は「独創的な医薬品で尊い人命を救うための新薬開発の体制を組み立て、未来に明るい希望の灯をともす」と述べ、最先端の合成設備を導入。以後数年の間に革新的な技術向上を果たし、国内外の有力医薬品メーカーのパートナーとして評価されるようになった。

その後も1980（昭和55）年「4号スプレードライヤー」、1981（昭和56）年「5号スプレードライヤー」と大型スプレードライヤーを導入し、製剤の合理化を推進した。

1998（平成10）年に導入した有機溶媒系スプレードライ加工は、原薬特性を改良し、製剤の溶解性とバイオアバイラビリティ（生物学的利用能）を増加させ、難溶性薬物の吸収性を改善する効果によって原薬量を減らすことができ、コストを削減できる。スプレードライヤー設備を製造スケールでもっているのは国内では富士化学工業のみで、現在、受託製造事業において大きな武器となっている。

さらにオーファン薬（希少疾病用医薬品）分野に特化し

製剤工場

た研究開発を推進し、パイオニアとしての姿勢を打ち出した。同分野では、1991年（平成3）年に食道静脈瘤治療薬「オルダミン注射用」の商品化に成功。消化器領域の治療に貢献している。

　この頃から同社では、独自の技術・発想により「他社にないもの、できないことをやる」という企業マインドが明確になった。「どのメーカーでもつくれるような製品はつくりたくない。それより独自の技術で有利に戦える市場を開拓していきたい」と西田社長は強い思いを語る。

「ほかではできない」富士化学工業の独自の技術が生かされている分野のひとつが、「賦形剤」である。賦形剤は医薬品の成形性を高めたり、水に溶けやすくするなどの機能性を高める添加剤である。

　1967（昭和42）年に制酸剤であるノイシリンを賦形剤として利用することに成功して以来、独自の賦形剤開発に取り組んできた。その中で生まれたのが

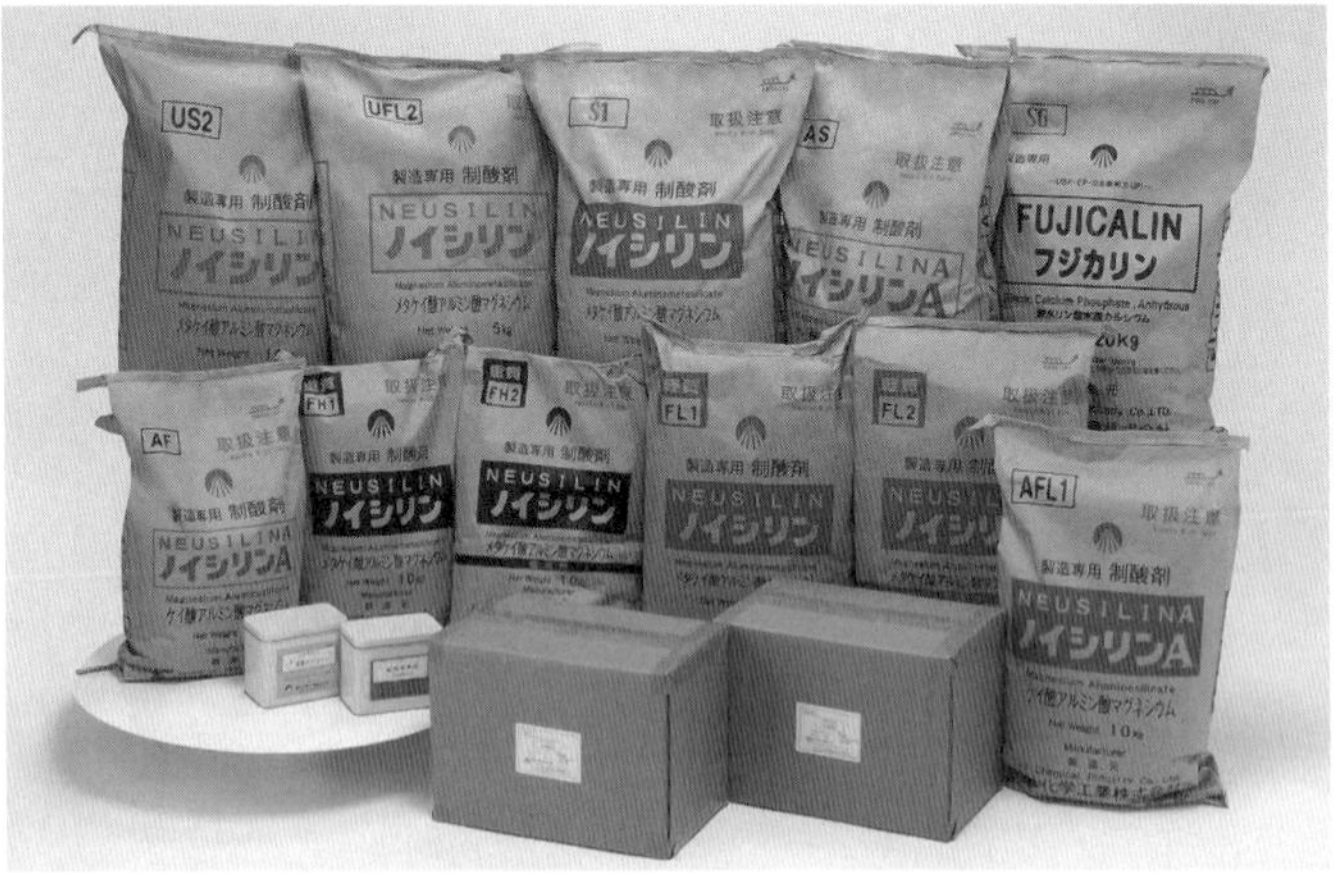

ノイシリン®、フジカリン®

「フジカリン®（以下フジカリン）」や「エフメルト®（以下エフメルト）」（それぞれ1994（平成6）年、2005（平成17）年に発売）という富士化学工業オリジナルのユニークな新規賦形剤である。

フジカリンは、従来のDCPA（無水リン酸水素カルシウム）に同社独自の結晶成長制御技術とスプレードライ加工技術により、これまでにない高い打錠成形能を与えたもの。

エフメルトは、糖類、崩壊剤、無機賦形剤を基本成分とし、高度なスプレードライ技術で加工した口腔内崩壊錠用賦形剤である。エフメルトに医薬活性成分、滑沢剤（錠剤原料の流動性を高め、打錠装置への付着を防ぐ添加物）を混合して、直打するだけで簡便に口腔内崩壊錠が製造できるようになった。

「口腔内崩壊錠は水を飲まなくても口の中で溶ける薬剤です。高齢社会に突入して、お年寄りが水なしで簡単に飲める薬をつくるための賦形剤はまだまだ需要が伸びて行くと見込まれる」（西田社長）。

伝統ある売薬資本をルーツとする製薬会社が多い富山では、戦後に誕生した富士化学工業は「新興」の原薬・医薬品メーカーのひとつだった。それだけに、独自の発想・研究・技術・製品・販売戦略にこだわり、勝負しなければならなかった。「その苦しみや粘り強さの中から、『まっすぐ広く前をみていく新しい伝統』が生まれ、企業マインドが育成された」と西田社長は語る。

●新しいアイデア、チャンスを創出できる人材に期待

アスタキサンチンを軸とするライフサイエンス事業を加え、富士化学工業の独自性に富んだ事業

は、グローバル市場を見据えている。

近年は、コスト面での優位性をもつインドに、日米欧からの委託製造の発注が集中している。同社は、すでに2012（平成24）年インド・ムンバイに進出しており、さらなる市場での供給と生産の拡大を図っている。

国際関係部門には、米国、イギリス、フランス、インド、イタリア、ベトナム、台湾出身など、多国籍のスタッフが所属し、欧米やアジアに向けて営業活動を行っている。

今後は、スウェーデン、米国、インド、シンガポールの海外拠点を足がかりに、さらなる世界市場の開拓に向けた事業戦略を展開していく。

「これからは、『日本人だけのチーム』では通用しません。いろいろな人がぶつかり合ってこそ、エネルギーや新鮮なひらめきが生まれてきます。多様な海外市場では、求められている医薬品も、利用できる販売チャネルも異なるため、グローバル戦略を成功させるには、社員一人ひとりのチャレンジ精神や前向きな行動力が重要なファクターとなります。私たちは新しいアイデアを生み出し、チャンスを創出できる人材を求めています。もちろん、こうした積極的な姿勢は、営業職のみならず、研究・開発や工場の現場を含め、すべての職種に共通するものです」と西田社長は語り、「チャレンジに失敗はつきものです。私は、社員をしっかりとバックアップします」とエールを送る。

自ら能力が活かせるフィールドを探り当て、前向きに行動する社員とともに、さらなるグローバル展開を目指している。

●女子高校生たちと取り組む化粧品プロジェクト

2016年7月初旬、富山市向新庄町にある前田薬品工業株式会社の本社ビル会議室に新聞社やテレビ局の取材陣が詰めかけていた。

前田薬品工業企画開発部の社員と富山県立滑川《なめりかわ》高校薬業科の生徒が、県産素材などを使った若者向けのスキンケア商品を共同で開発するプロジェクトのキックオフミーティングが行われていた。

同社は、製造から品質管理、薬事法まで学ぶ「薬業科」がある富山県立滑川高校とは、長年にわたりインターンシップやリクルートなどでつながりがあり、毎年数名の同校の卒業生が入社している。

1966（昭和41）年の創立以来、塗り薬や貼り薬などの外用薬（内服薬、注射薬を除いた人体の皮膚に直接塗布もしくは貼付して用いる薬剤）を製造してきた同社では、その技術と蓄積を活かして来期から新しく基礎化粧品などスキンケア商

前田大介社長

品の製造販売事業に乗り出していく。その最初のステップのひとつが高校生たちのアイデアを生かした「若年層世代向け化粧品」である。

「脱毛クリーム」「肌質別の化粧水」など高校生たちがつくってみたいアイデアが次々と紹介されるとどよめきが上がる。高校生のプロジェクトリーダーは「全国の女子高生がみんな、買いたいなと思う商品をつくりたい！」という。

従来の20代・30代の女性の化粧品と若年層世代を対象とする化粧品ではどこがどう違うのか。企画開発部の医薬品の専門家が「研究頭を叩く」より、高校生の知恵を借りようという企画は、1年後の商品化に向けて好調に滑り出した。

前田薬品工業前田大介社長は、「インターネット、SNS、ツイッターそのほかでいろいろな情報が入ってくる今の若い人たちは、圧倒的な情報力と時代感覚をもっている。彼女たちに導かれて、新しい『ひらめき』を形

「若年層世代向け化粧品」プロジェクトのキックオフミーティング

にしていきたい」と語る。

●外用薬で築いた「前田ブランド」

前田薬品工業の初代社長である前田實氏は富山医科大学薬学部卒業後、1958（昭和33）年に富山県上市町で細川商事を創業、1966（昭和41）年に前田薬品工業株式会社を設立した。

「新技術開発、新製品開発そして品質こそ最上の販路」という研究肌。「技術を評価してくれるパートナーを見つけ、開発段階からの受託をどれだけ増やしていけるかが鍵」と考え、創業以来営業部を置かず、「全社一丸・社員全員営業」の姿勢とともに「大家族主義経営」を定着させ、前田薬品工業の組織風土とした。

創業時より外用薬を中心として研究開発にこだわり、1969（昭和44）年にパップ剤（湿布薬）を製造開始、1971（昭和46）年には富山市向新庄町に富山工場、1985（昭和60）年に本社ビルを竣工、2000（平成12）年に外用薬専用工場を竣工。2007年には完全消防法対応の外用液剤工場の竣工。2013年には将来のステロイド剤と非ステロイド剤の完全分離対応を意図した新工場棟を竣工した。また、医薬品の品質とリスク管理にこだわり、外用薬の老舗製薬会社として高い精度を一貫して追究し、多くの医療用後発（ジェネリック）医薬品および一般用（OTC）医薬品を開発してきた。

外用薬の軟膏は、さまざまな混合成分の分離防止と塗り心地や貼り心地が重要だが、前田薬品工業は独自の製剤技術によって均一化を図り、皮膚からの有効成分の浸透性を高める優れた成果を上げ「前田ブランド」を定着させた。

主要自社製品はジェネリック医薬品のアンフラベート0・05％軟膏、アンフラベート0・05％クリーム、アンフラベート0・05％ローションで同社の年間売上高約27億円の約20％を占めている。アンフラベート（一般名：ベタメタゾン酪酸エステルプロピオン酸エステル）は、外用合成副腎皮質ホルモン剤で、「アトピー・やけど・皮膚湿疹」などの外用皮膚薬だ。日医工株式会社、佐藤製薬株式会社などが発売元になっている。そのほか同様の用途で外用合成副腎皮質ホルモン剤のマイアロン軟膏0・05％、マイアロンクリーム0・05％、マイアロンローション0・05％などのジェネリック医薬品や数種類の外用合成副腎皮質ホルモン剤を保有し、強いものから弱いものまで5段階ある

テープカッティング機

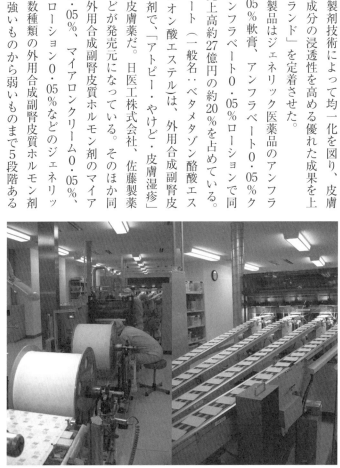

すべてをラインナップしている。

同社の特徴は、製造と研究開発に特化して、上記のように創業以来営業部所がなく、営業マンがいないことである。主要取引製薬メーカーは32社あり、営業・プロモーションに関しては大手の販売会社にすべて委託し、製造元が前田薬品工業という位置づけである。

医療用医薬品以上に売り上げの柱になっているのは、一般用（ＯＴＣ）医薬品だ。医療用医薬品の製造で蓄積したノウハウを生かすため、昭和50年代初めから大手医薬品メーカーを通じ、ＯＴＣ市場にも本格参入。他メーカーとの共同開発を積極的に進め、現在では売上高全体の60％以上を占めるまでに成長した。これまでに大手メーカーと協力し、特許取得した「含水テープ」の基材をベースとした消炎鎮痛テープ剤の工業化と商業化を実現した。

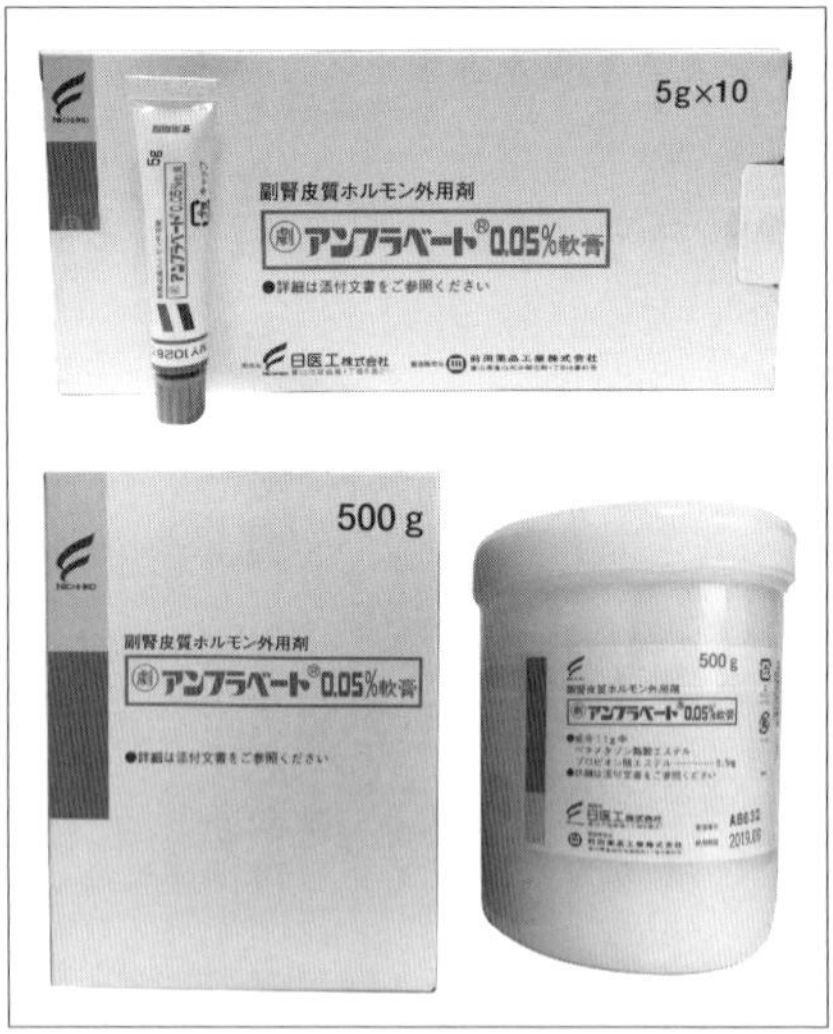

アンフラベート0.05％軟膏

●創業以来最大の危機を乗り越える

１９９７（平成９）年、初代社長の前田實氏が死去し、総務経理担当を務めていた前田社長の父前田圭一氏が二代目代表取締役社長に就任した。圭一氏（旧姓鈴木）は、福島県出身で創業者實氏との血縁はない。新潟大学在学中に、實氏の姪である夫人と出会い、結婚を機に夫人の郷里富山に移り住むことになった。教育学部出身の圭一氏は教育関連の仕事に携わっていたが、やがて實氏の勧めで前田薬品工業総務経理担当として１９８８（昭和63）年に入社した。9年後、大病をした實氏から「百名以上の社員と家族の生活を守ってくれ」と会社相続を依頼され、一家で前田家に入った。「こうして、高校3年の春、家族丸ごと養子入りし、「鈴木」から「前田」に姓が変わりました。私は母方の血縁で血のつながりを感じていました」（前田社長）。

高精度品質「前田ブランド」の浸透によって、前田薬品工業はいわゆる受託型メーカーとは一線を画す研究開発体制を確立した。常に付加価値の高い製品を生み出し、企画・設計から工業化・本格生産までさまざまなアイデアを具現化し、新規の受託研究開発・共同開発も活発化していった。同社は引き続き堅実な実績を積み重ねていく。

ところが２０１３年9月に、特定の原料ロットを使用した軟膏製品に、有効成分の含量が、通常の製品より低下する傾向が確認され、使用期限内に承認規格を下回る可能性があることが、安定性試験によって判明した。原料ロットが特定できたので、すぐに製品を自主回収。取引先、行政当局各方面へ報告を行うとともに、過去数年間に遡って全データを精査したところ、さらに4年前の1品目に、規格に満たない数値が見つかり、市場に出荷した数十万個の回収をしなければならない事態となった。

これらの一連の問題で経営陣が引責辞任し、２０１４年3月、圭一氏の長男、当時35歳の前田大介氏が三代目社長を継承。前田社長は、就任早々、会社存亡の危機に向き合うことになった。就任後1年間、金融機関との熾烈な交渉と得意先回りの日々が続いた。

「降りかかる問題から逃げずに、誠意をもって取り組みました。すると、ありがたいことに応援をしてくれる関係先が出てきました。最終的には、どこからも取引停止を受けずに済んだのです。当時、私は京セラの稲盛和夫塾長が主宰する『盛和塾』で10年間『経営フィロソフィーと人間として何が正しいのか?という考え方』について学んでいましたので、このときほど経営において、稲盛塾長の言われる『原理原則でものごとを考える』『人間として何が正しいのかをすべての判断基準とする』『もうダメだと思ったときこそが始まり』というマインドがいかに大切かを痛感したことはありません」と前田社長は述懐する。

前田社長は、同志社大学商学部を卒業後、地元富山の税理士法人に6年間在籍した。30歳で前田薬品工業に入社後は、「とりあえず、うちで一番きつい現場からやってこい」と工場の外用薬製造現場に配属された。製造ラインのほぼすべての工程を経験し、高い品質を守るために常に神経を張りつめる厳しさを経験した。しかし、不祥事の処理を35歳の若さで切り抜けるのは並大抵のことではなかっただろう。誠実に、前向きに、会社を従業員とともに継続していく強い意志で危機を乗り越えたのだった。

●「前田の夜明け」、「塗る・貼る」の用途を開く新しい領域へ

２０１６年に創立50周年を迎えた前田薬品工業では、次の50周年を目指して新しい動きが胎動している。同社では、創業以来築き上げた「自分たちの強み」である外用薬分野への特化体制を強化させるとともに、２０１５年１月より新たな柱となる事業分野に向けてプロジェクト「前田の夜明け」を立上げた。これは従来からの医薬品製造にとらわれず、外用薬の「塗る・貼る」という特性から発想した新商品のアイデアを募り、新事業創出に向けてブラッシュアップしようというもの。「70のプラン」が結集し、スキンケア商品の共同開発もその中から生まれた最初の一歩だ。

プロジェクト「前田の夜明け」はこの企画の立ち上げを受けて、現在は「前田 L'aube（ローブ）」（L'aube はフランス語で夜明けを意味する）と「ＯＴＯＣＯＳＭＥ（オトコスメ）」という呼称で継続している。

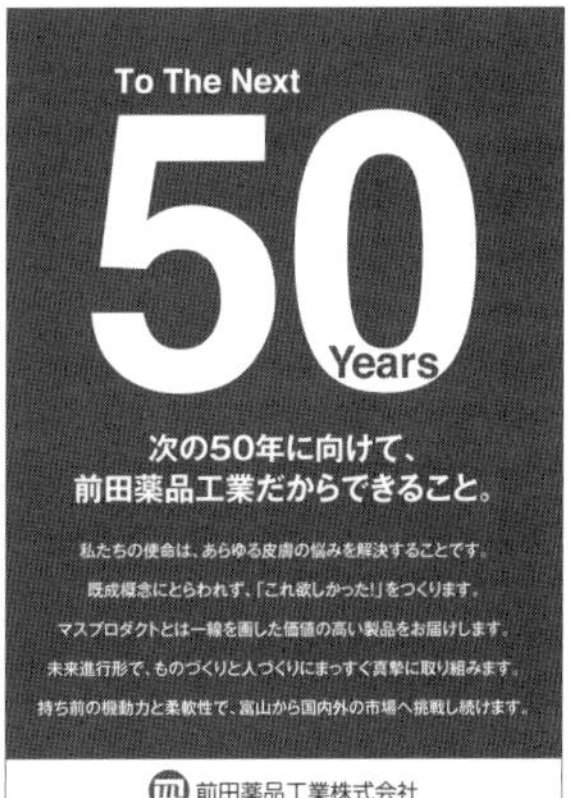

創立50周年記念パネル

L'aube では、「30代40代の女性」を対象としたスキンケア商品の新商品企画開発プロジェクトを進めている。社内の女性スタッフが参加している。ＯＴＯＣＯＳＭＥでは、男性社員と女性社員とが共同で男性専用コスメの企画開発プロジェクトを進めている。

そして、３つめのプロジェクトが、女子高校生が商品開発に取り組む「若年層向けの化粧品」だ。

「化粧品への参入も、『塗る・貼る』という発想にしてみよう、ということから出てきた企画です。単にスキンケアのクリームならこれまでの技術の蓄積で可能性が開けるということではない。そのためには新しい人たちの新しい発想と技術がなくては前に進みません」（前田社長）。

「外用薬」という固定された概念に縛られれば、この市場の外へは一歩も出られない。しかし、「塗る・貼る」という発想を多面的にとらえ、そこに技術と人を結びつければ、可能性は無数にある。そこに立脚すれば、新しい市場を目指すことができるはずである。

創立50周年記念式典

●「品質」は「人財」から

「盛和塾」で学んだ稲盛塾長の「人として何が正しいを判断のベースに置く」という「原理原則」の不動の企業マインドは、前田薬品工業の人財教育に大きな影響を及ぼすことになった。

「私は幼時から研究一筋の初代社長をみて創業者のオーラに接し、後継者の父の姿に経営に対する誠実な姿勢をみてきました。『前田薬品の品質・前田ブランド』は、そうした地道な発想の中で築かれ、守られてきたものです。私は経営の伝統を踏まえたうえで、そこに新しい自由な血を注いでみたい。新製剤開発、新技術、品質管理の実態は化学と科学で成立していますが、それを生み出し、下支えしているのは働いているわれわれなのです。これからは『人が武器となるような会社』を社員全員の手で育んでいきたいと考えています」（前田社長）。

「品質管理は人財教育にある」という前田薬品工業の教育プログラムは、

①ビジネス基本教育（マナー・報・連・相・5S・業界基本情報ほか）

②品質・GMP（医薬品適正製造基準）教育（GMP教育・GQP［製造販売品質保証基準］教育）

③技術・技能承継教育（外用薬技術・内用薬技術ほか）

④安全衛生教育（安全衛生基本教育・安全衛生委員会の役割ほか）

⑤マネジメントリーダー教育（人財育成関係教育・コスト・会計関係教育ほか）

⑥人事労務関連教育（就業規則重要項目教育・人事考課ほか）の6本の柱からなる充実した内容だ。

静かに、健やかに、遠くまで

〜私たちの願い〜
常に心静かでいられること
「こころ」も「からだ」も常に健康であること
企業活動が遠い未来まで続くこと

前田薬品工業
創業の精神

かなりの領域にわたり、外部講師を安易に入れず社長はじめ3人の役員が講師となって進行するのは、人財教育は同時にコミュニケーション形成の場だからだ。経営トップみずからが会社のミッション・ビジョン・バリュー（存在意義）を社員に向けて繰り返し語るとともに、リーダーの心構えやマネジメントを管理職と一緒に学ぶ。また、製薬会社として基礎的な製造・品質管理に係わるGMPからそれぞれの専門分野の教育研修まで百数十の教育訓練プログラムを緻密に実践している。

ところで、前田社長を支えた言葉・考え方には「盛和塾」の経営倫理のほかにもうひとつある。

それは創業者が最もこだわった城山三郎の作品の中の言葉、「静かに行く者は、健やかに行く　健やかに行くものは　遠くまで行く」である。

「創業者も二代目も、私もこの言葉が大好きで、結婚式などでは必ず口にする言葉です。各自の受け取り方でよいのですが、業態に即して、どんなケースや仕事にも浮き沈みがあり、奢らず、ひるまず、落ち込まず、平常心をもって取り組もう。医薬品製造を生業とするからには日々を健やかに過ごし、足元のことだけでなく目標をもって遠くを見つめて前へ進もう、ということです」と前田社長は確信をもって語った。

株式会社ユニゾーン

UNIZONE Co.,Ltd.

御用聞き方式で顧客を増やし
中間加工業のビジネスモデルに

富山市綾田町《あいでん》のユニゾーン・アネックス

株式会社ユニゾーン

創業　1955(昭和30)年11月25日

営業品目　電気めっき、無電解めっき、化成処理、陽極酸化処理、ジオメット処理、研磨(バフ研磨、電解研磨)、金属加工

本社　〒930-0845 富山市綾田町1丁目9番38号

●ハイレベルな技術を必要とする仕事が生き残る

「お客様から素材をお預かりして、めっき加工をしてお返しする。これが私どもめっき業の仕事です。めっき業は、お取引をくださる企業があってはじめて役割を果たせるのです」

株式会社ユニゾーンの梅田雄一朗社長は、ユニゾーンの企業姿勢をこのように表現する。

素材の表面を金属の薄膜で覆うめっきはものづくりに欠かせない技術だ。鉄材のさび防止や、美しい表面にするために行うと思われがちだが、実は金属・非金属の素材の機能や性能を上げる働きも大きい。めっきによって強化、通電性、磁性、光反射などの性能を付加することができる。素材となる被めっき材、被膜となるめっき材双方ともに多岐にわたり、その目的も多様化。高度な技術が要求される。

めっきには湿式めっきと乾式めっきがあるが、ユニゾーンが扱っているのは湿式めっき。めっき液の中に素材を入れて、めっきしたい金属成分を

梅田雄一朗社長

密着させる。湿式めっきには電気めっき（電解めっき）と無電解めっき（化学めっき）があり、電気めっきは電流によって金属イオンを＋極から－極に移動させる作用で金属膜をつくる。無電解めっきは化学反応を起こして金属イオンを移動させる。

　ユニゾーンの強みは、湿式めっき技法を網羅して、被めっき材のサイズや形状、めっき材の種類、技法のバリエーション、数量の増減に対応する体制を整えていること。38ライン47種類の加工設備をもつ。最もポピュラーな硬質クロムめっきにおいても、難めっき材とされる素材へのめっき実績が豊富で、無電解ニッケルめっきの上に硬質クロムめっきを重ねて2種のめっきの特性を生かす技術ももつ。また、無電解ニッケルめっきは1㎎未満から重量9・6ｔの超大型に至る被めっき材まで多種多様の仕様に対応する。

　超大型めっきを可能にしているのは、第8工場

3.8×2.3×2.6mの容積、
重量9.6tの被めっき材に対応する
超大型無電解ニッケルライン

の大型無電解めっき槽で、約縦4m横3m深さ3m、容積2万リットル槽と、さらに大きな4万リットル槽であり、この大きさは北陸最大。全国でも4~5社にしかない大型槽だ。ここまで大きな槽になるとめっき液を均質に保つには高い技術が必要だ。めっきにおいては被めっき材、めっき液、皮膜密度、液の濃度・温度・pH、被めっき材を支える治具(現場で製作する器具)、浴負荷《よくふか》(必要な液量)などあらゆる条件を最適解に整える必要があるが、大型導入当初は何度もテストを繰り返し苦労したという。

「大型導入もお客様から声を掛けていただいたことが契機となって決断したことでした。2008年と2011年にはこのための大きな投資を行いましたが、その結果、より多くのお客様にお取引をいただけるようになり、海外に工場を移設する企業が急増した時期にも、お客様を失うことなく乗り切ることができました」(梅田社長)。

自動化されたクリーンな工場内

めっきは機械製造の中間工程にあるので、できるだけ前後の製造工程と近い場所で行われる。産業用機械の外枠や太陽光・風力の発電装置などの生産が多い北陸圏では大型材へのめっき需要も多い。

●毎日ないし2日に1回訪問する顧客が280社

ユニゾーンの営業エリアは富山県内および東は新潟県柏崎、西は滋賀県湖北、南は岐阜、愛知まで広がっている。このエリアの280社を18人の営業担当者が毎日ないし2日に1回車で回る。そのうちの13人は富山県内の担当地域を各自が午前と午後に分けて巡回する。訪問先では、要望とめっきの種類に対応して製品を預かって帰り、基本的に午前入荷品は翌日、午後入荷品は翌日午後に納品する。顧客の事情には極力協力する方針を守り、ときには夕方搬入して翌日納品や、朝搬入し

顧客を訪問して集荷・納品も行う営業車

て夜納品ということもある。

ルート上の顧客にとって、ユニゾーンの営業マンが毎日ないし2日に1回、ほぼ同じ時間にやってくる利便性は大きく、困っていることや新しい工夫について相談もしやすい。専門知識と経験をもった営業マンがその場で「これは前処理の酸化被膜の剥離に時間がかかるので2日必要です」とか「この位置に吊り下げる治具を掛けますが構いませんか」などと打ち合わせもできる。

この御用聞き型の営業スタイルは、初代社長の梅田秀雄氏が始めたもので、それが今も続いているのだ。スクーターで製品を運搬していた時代を経て、1964（昭和39）年に社有車導入が始まり今日に至っている。秀雄氏が念願したとおり「地域に根ざしためっきのデパート」を実現している。

このほかに不定期の依頼を含め、年間500社以上と取引がある。メンテナンスのためのめっきを必ず年に1回発注してくれる顧客、遠く島根県の出雲から製品を送ってきて取引が続いている顧客もある。顧客が幅広い分、扱うめっきのレパートリーも豊富になる好循環が生まれた。おかげで売上も景気に左右されにくい。

日本海側から岐阜や愛知へ進出してまだ日が浅い。商談会への参加や地道な企業訪問を重ねて、実績が上がってきたところだ。

「富山県はものづくりが盛んで、めっきの需要は多く、また、めっきに欠かせない水と電気が豊富。恵まれた環境です」と梅田社長はいい、「めっきは加工賃をいただいて収益を得る業態ですから、ヒットが出て売上倍増ということは難しい。お客様も圧倒的に中小・零細の企業様です。そうしたお客様との協業でユニゾーンは成り立っています」と語る。

●研磨技術には定評がある、ガラスへの無電解めっきは芸術的

工業製品の生産過程では、メーカーが設計図を引いた1部品が複数の工程を通って仕上げられることが多い。機械加工、プレス加工、鋳造、熱処理があり、最終工程として研磨がある。

研磨はめっきと切り離すことのできない工程だ。表面の汚れを落とし平滑にする前処理は再めっきはもちろん新製品にも必須の工程。めっき後の仕上げ研磨は布材で磨くバフ研磨から始まり、一般的な鏡面仕上げ、梨地加工、ヘアーライン（細い筋目入り）仕上げをする設備が整っている。さらに、耐蝕性、洗浄性（めっき中に付着した微小な異物を落とす）、防錆性に優れる電解砥粒研

照明が当たるとガラスの床面がきらめくJR富山駅のフロアシャンデリア

磨の設備と技術にも自信をもっている。電解砥粒研磨によるナノオーダー（1ナノメートルまで超平滑化を要求する）にも対応。半導体関連、医薬・医療関連、食品関連などの製造装置の製品を受注している。

もうひとつ、ユニゾーンの卓越した技術として有名なのがガラス素材に施すめっき。本社と並んで建つ別館ユニゾーン・アネックスのエントランスホールには、目をみはるガラス工芸品が展示されている。それはガラスに金、銀、銅、ニッケルをめっきした橋本保氏の作品だ。橋本氏は2016年に「現代の名工」に選ばれた技術者で、創業期から勤務して75歳の今も顧問として毎日出社している。JR富山駅の新幹線改札から路面電車へ向かうコンコースのガラス床に装飾めっき「フロアシャンデリア」を行ったのも橋本氏。ユニゾーンが初めて受注したエクステリアの仕事だった。

ガラスのめっき技術は工芸品用途だけではない。ガラスのような非電導性基盤材料は無電解めっきを施すことで電子部品などに使うことが可能になる。密着性が低いガラスへのめっきに取り組むことで、ユニゾーンの技術向上が推進された。

●若き3代目を支える60年の歴史

創業者の梅田秀雄氏は、立志の人である。第二次大戦末期に召集され、奉天で終戦を迎えたもののシベリア奥地ジマに抑留されて辛酸をなめる。極寒の地での強制労働を耐え抜いて1947（昭和22）年5月にようやく舞鶴港に降り立つことがかない、不二越鋼材工業株式会社に復職した。応召前、(財)不二越研究所に勤務して、ガラス器具製作やめっきの基礎研究に取り組んでいた経験を買われ、同社の自転車工場のめっき部門を担当した。ところが3年たたぬうちにその自転車工場が閉鎖になる。秀雄氏はそれを機に退職し、1950年に退職金を元手に梅田理化学器械店を起業した。しかし、代理店営業主体の業界に個人商店が参入するのは難しく、5年後の1955(昭和30)年にめっき事業に方向転換し、㈱不二越からの受注を得ることができた。改めて、有限会社富山鍍金工業所を設立した。当初は秀雄氏と民子夫人、秀雄氏の弟の定雄氏、信雄氏という家族経営だった。

そこからは順調に取引先を拡大し、めっき技術の幅も広がり、4年後には株式会社に改組。工場兼自宅、社員用宿舎の建設、プレス工場の増設と発展していった。創業10周年を迎えた1965(昭和40)年には社名を株式会社富山メッキに変更。同年はプレス工場が㈱不二越の無検査工場に指定され、日本硬質クロム工業会から品質

初代秀雄氏と並んで向かって右がひろ美会長、左が雄一朗社長

優良工場に認定されるなどよいことが続いた。

1984（昭和59）年に秀雄氏が開発した「ワンラック・ワン電源方式」は画期的なものだった。亜鉛めっきの少量多品種めっき加工に対応するように、電源はひとつで製品ごとに異なる電流を流すシステムだ。今では全自動化しているが、当時は業界初の手法だった。

1988（昭和63）年には秀雄氏の一人娘であり雄一朗社長の母であるひろ美氏（現会長）が入社する。ひろ美氏はダクロタイズド処理（めっきとは異なる防錆表面処理加工法）専門のウメゼン工業の立ち上げを成功させるなどたちまち手腕を発揮した（現在はユニゾーンに合併）。秀雄氏は、ひろ美氏の明るく気さくなコミュニケーション力と積極的な営業センスを喜び、すぐに取締役に取り立てた。

ひろ美氏の最初の提案は、社名変更。1990（平成2）年に社名を「ユニゾーン」に変更した。「ユニ＋ゾーン」に「地域とひとつになって歩みたい」「オンリーワンの独自力をもつ企業でありたい」という願いを込めた。めっきといえばきつい、汚い、危険の3Kといわれた時代もあったが、今のめっき業は科学技術の先端を担っている。ひろ美氏は新しく「3K＝感謝・感動・感性」を制定し、社屋内のインテリアの芸術性を高め、工場敷地内に花や植木、芝生などの緑を増やし、テニスコートをつくるなど、社員の職場環境改革を行った。

1999（平成11）年に、秀雄氏は会長に退き、ひろ美氏が社長に就任した。ユニゾーンはさらに成長を続け、大型めっき槽の第8工場に続き2011年にプレス工場（上条《じょうじょう》工場）も新しく建設し、製造環境を整えた。上条工場は現在は、金属加工工場と金属防錆表面処理の一種ジオメット®加工工場の2棟が稼働している。ISO14001認証、ISO9001認証も全社で取得している。

2001年に建設された新社屋ユニゾーン・アネックスには、研究開発部門、製造部門、事務部門、そして社員教育に使う大研修室がある。ユニゾーンのこれからに必要な環境はすべて整ったといってもよい。

●環境に配慮した工場で技術を究める仕事を

雄一朗氏が社長に就任したのは2013年。母ひろ美氏から「30歳までは広い世の中で修業してきなさい、その後は必ず帰ってくるのよ」と送り出されて、大学入学から東京生活を送り、約束どおり2003年にユニゾーンに入社。それから10年を経て、ひろ美氏から社長の座を譲り受けた。

新しくユニゾーンの指揮官となった雄一朗社長は、感謝、感動、感性の3Kに、「科学的管理」を加えて「スローガン4K」を掲げた。

「当たり前のことですが、具体的な言葉を入れたほうがいいと考えました。高品質・短納期を実現するためには、科学的管理が必要です」(梅田社長)。

ユニゾーンは設備や技術を向上させる努力を怠らず、環境問題対応にも先手を打つ。

例えば高品質を保つために無電解ニッケルメッキは硫黄レスを貫いている。少量の硫黄を混ぜることでめっき処理時間が短縮できるのだが、経済メリットより品質にこだわっている。

めっきの廃棄物処理も環境と安全に配慮している。めっき加工において産業廃棄物処理に回るのは、汚泥と無電解ニッケルの廃液だ。電気めっき液は継ぎ足して使っていく。廃水処理は工場内で行う。めっき工場の廃水はメッキ工程の間で3回か4回行うすすぎ水のこと。水洗槽から処理プラントへ送り、通常の排水ができるレベルにする。ユニゾーンでは4本の廃水処理プラントが稼働している。パイプラインはすべて高架。以前のパイプラインは地面に掘ったU字溝に沿って配管していたのだが、最近は事故発生時に発見が早いように高架式が主流なのだ。東日本大震災の様子をみて、何か起こってからでは遅い、と工事を敢行した。

ユニゾーンは正社員173名の会社だ。理系大学院卒の社員も現場作業に入り、一体となって働いている。女性は40人と少ないが、検査、営業管理、事務を担当、めっき作業従事者もいる。過去10年間に10名の育休取得があり、7名が復帰しているという。

社員には「技能を身につけ、高い意識で自分の職場を支えてほしい」と梅田社長は願う。めっき技能検定試験の受験も奨励している。ユニゾーン・アネックスは全国めっき技能検定の富山県試験会場になっており、実地試験用ラインが恒常的に設置されているので、社員はいつでも練習できる。

「めっきは手間もコストもかかります。めっき以外に方法がないものにしか使われない技術です。塗装で済むならめっきには回ってきません。これからも新たな分野にめっきの必要性が生まれると思いますが、常に高難度の技術が要求されるでしょう。どんな時代にも必要とされる会社でありたいと思います」。明朗な言葉に、梅田社長とユニゾーンの未来が窺える。

●富山県黒部市に本社機能の一部を移転

ＹＫＫ株式会社は、ファスナーやスナップ・ボタンなどのファスニング商品の製造販売を行う企業だ。窓やドア、ビルのファサードなどの建築用プロダクツを手がけるＡＰ（Architectural Products）事業はグループ会社のＹＫＫ ＡＰ株式会社が担っている。ＹＫＫグループは、２０１６年現在で世界71か国／地域に事業展開しているグローバル企業だ。

そのＹＫＫが、２０１１年６月に本社機能の一部を富山県黒部市に移転させることを発表し話題となった。「地方創生」のかけ声が上がる現在でも地方へ本社機能を移転させるケースは少ない。

２０１６年４月までに管理部門などの総計約２３０名が異動した。

YKK50ビル（富山県黒部市）

きっかけは、旧本社ビルの建て替えを計画中に発生した東日本大震災である。本社機能のあるべき姿を再検討した結果、東京に集中している本社機能を分散して、災害時でも事業を継続できるようにする体制づくりを行うことになったのだ。

富山はYKKの創業者である吉田忠雄氏の出身地（魚津市出身）。また、戦後、工場を立ち上げ再出発した重要な拠点である。

同社は黒部を「技術の総本山」と位置づけ、ファスニング事業とAP事業それぞれのR&Dセンターを構える。また、材料開発、設備開発、機械部品製造によりファスニング事業・AP事業用の専用機械を国内外のYKKグループ各工場に供給する工機技術本部もグループの技術開発機能の中核である。

YKKのものづくりの大きなポイントである、材料から製品まですべて自社で行う「一貫生産」

黒部川扇状地

を支えているのが工機技術本部で、今後も黒部に中軸を置く。ものづくりの本拠地である黒部で、部門・組織を超えた連携強化によるＹＫＫグループのシナジーの最大化を図り、技術力、商品力をさらに高めることが本社機能一部移転のもうひとつのねらいといえる。

なお、ＹＫＫグループの黒部市への本社機能一部移転は政府の地方創生の取り組み以前から検討されていたものだが、政府が進める「地方創生」の目玉政策のひとつである地方移転促進税制（東京23区から地方に本社機能を移転したり、地方の本社機能を拡充したりする企業を優遇する税制）の適用第1号ともなっている。

●品質にこだわり続ける「一貫生産」の思想

ＹＫＫは、「吉田工業株式会社」の略称で、Ｙは創業者吉田忠雄氏の名字に由来している。忠雄氏は１９３４（昭和９）年1月に東京日本橋に「サンエス商会」を創業し、ファスナーの加工・販売を開始。米国など海外への輸出にも成功した。なお、当時の日本のファスナーは手づくりであった。

しかし、１９４５（昭和20）年3月の東京大空襲で小松川工場を焼失。いったん郷里の魚津市に引き上げ、同年8月「吉田工業株式会社」に社名変更し、新しいスタートを切ることとなった。

その吉田工業を大きく飛躍させたのがファスナー製造の自動機械化である。

契機となったのは、忠雄氏が自社の手づくりファスナーを売りこもうとして、アメリカ人バイヤーから逆に機械製ファスナーをみせられたことである。自信のあった自社の手づくりファスナーよりも低価格で高品質の機械製ファスナーをみて衝撃を受けた忠雄氏は機械化による国産ファスナーの製造を目指す。

１９５０（昭和25）年、吉田工業は米国製ファスナー製造機械（チェーンマシン）を輸入。そのチェーンマシンを研究し、改良を行った。

１９５３年には、ファスナーの噛み合う部分（務《む》歯《し》）を間欠的に植え付ける機構を自社開発（ＹＫＫの特許第1号）、ファスナー

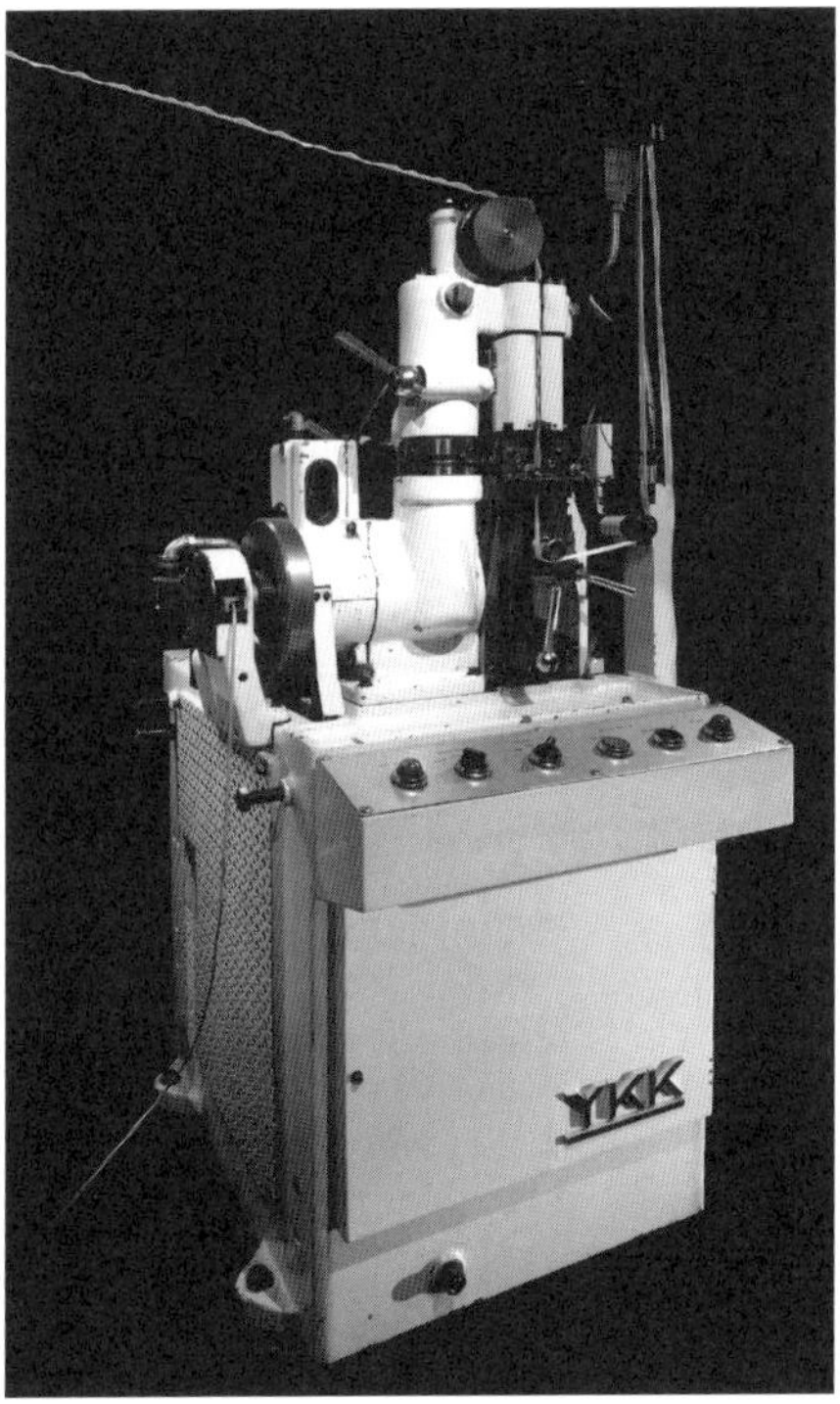

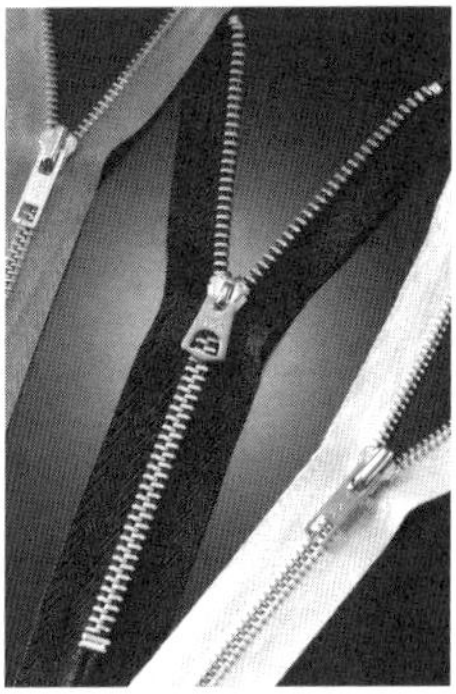

ファスナーチェーンマシン（YKK-CM6）。1964（昭和39）年から製造を開始した当時世界最高水準の性能を有したCM6型機のうちの1台（1981[昭和56]年製）

生産の機械化を押し進めた。

また、戦後の事業再開時からいち早く、材料から製品までの一貫生産を企画した。ファスナーの金属部品をつくるための伸銅工場やテープ（ファスナーを取り付ける布部分）工場を稼働させ、一貫生産の体制を整えた。

さらにファスナー用に最適なテープがなければ糸から手がけ、銅合金、アルミニウム合金も自社工場で探究した。

こうしたファスナー製造への創意工夫、生産体制の確立により、材料から製品まで一貫して製造されたファスナーは、高品質で低価格となり、生産量、売上を伸ばしていくこととなった。

「消費者がたまたま手にしたファスナーは、そのときの1回だけの出合いでしかない。その製品が不良品であれば、ＹＫＫのファスナーはすべてがだめだと言われてしまう。だから、ひとつたりとも不良品を出してはいけない。そう考えると、品質確保のために原材料を自社生産するのは当たり前だ」というのが忠雄氏の信念だった。

こうした「一貫生産」はＹＫＫのものづくりの根幹であり、時代とともに求められるファスナーが変化しても強化・継続し、品質を保証し続けている。

なお、ファスナー用原材料となるアルミ合金の量産化に取り組んだことがきっかけでアルミ建具の分野へ進出し、現在のＹＫＫ ＡＰが誕生することとなる。

●ＹＫＫ精神「善の巡環」

ＹＫＫグループの企業活動の根底には創業者吉田忠雄氏の説く「他人の利益を図らずして自らの繁栄はない」という経営哲学「善の巡環」の精神が貫かれている。

企業は社会の重要な構成員であり、共存してこそ存続でき、その利点を分かち合うことにより社会からその存在価値が認められる。忠雄氏は、創業以来、事業を進めるにあたり、その点について最大の関心を払い、お互いに繁栄する道について考えた。

事業活動の中で発明や創意工夫をこらし、常に新しい価値を創造することによって、事業の発展を図り、それがお得意様、お取引先の繁栄につながり社会貢献できるという考え方で、「善の巡環」と称し、常に事業活動の基本としてきた。

一貫生産で、いい製品をつくるためにはいい材料と製造機械が必要だ。納得できる材料、製造機械がないならば自分たちでつくる。このとことん品質を追い求めるＹＫＫの「ものづくり精神」はまさに「善の巡環」の基盤である。

●ＹＫＫ精神の継承

１９９３（平成５）年、吉田忠裕氏（現会長）が代表取締役社長に就任した。１９９４年には、「吉田工業株式会社」から「ＹＫＫ株式会社」に社名を変更。

忠裕氏は、「善の巡環」を継承・発展させて、「更なるCORPORATE VALUEを求めて」という経営理念を制定した。

ＹＫＫ精神をグローバルに通じるものへと具体化し、経営の使命・方向・主張を表現した理念である。

ＹＫＫではまた、「コアバリュー」を定めている。それは組織の一人ひとりが大切にし、実践する価値観であり、日々の行動として心がけようというもの。

「失敗しても成功せよ。信じて任せる」

「品質にこだわり続ける」

「一点の曇りなき信用」

の３つがあり、いずれも創業時代からいろいろな場面で口にされてきた言葉である。

２０１１年に代表取締役社長に就任した猿丸雅之氏は「私が社長になったときにとてもありがたかったのは、世界中の４万２０００名の全社員と同じ価値観を共有できていて、同じ目線でも

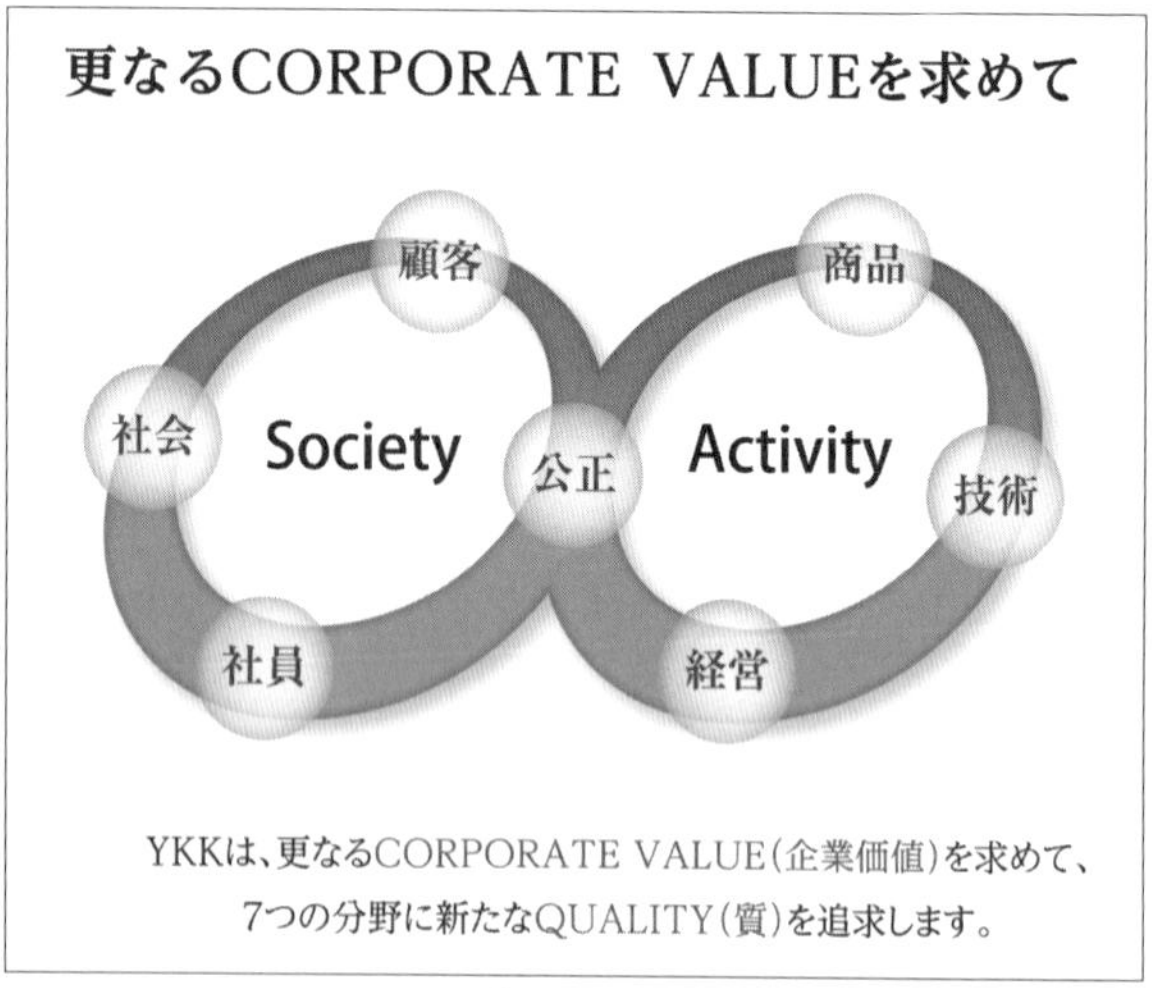

「更なる CORPORATE VALUE を求めて」

のが言える言葉や価値観が存在することでした」と語り、さらに「われわれは事業を運営することも大切ですが、創業者の理念が何を意味するのか、自分たちで理解して日々の活動に結びつけることを大事に考えています」という。

脈々と流れるＹＫＫ精神が社員の仕事の原動力となり、進むべき方向を示している。

●新しい市場への挑戦

ＹＫＫは世界のトップブランドとして、高級ファッションやブランド品のバッグなどに使われる高級品ファスナーの分野では実績を残している。今後はさらにボリュームゾーンと呼ばれる低価格帯の分野でも本数を伸ばしたいと考えている。中国だけでもファスナーメーカーは何百、何千社もあるといわれており、実は競合他社も多い。ファストファッションに代表されるように1シーズンで服を買い換えるなど長期の使用を前提とせず、数多くのバリエーションを短納期かつ低価格で準備・供給しなければならない市場は大きく拡大している。ＹＫＫがさらに成長していくためには、このような市場に挑戦し続けなければならない。

猿丸社長は「まだ届けられていないマーケットに品質の良いＹＫＫのファスナーを供給できれば、どんなに使う人々の生活に役立つか。だが、低価格品でも品質を落としてはいけない。最高品質なのがＹＫＫだ」と技術者にはっぱをかける。

「低価格でも高品質」なファスナーをどうつくっていくか。ＹＫＫの挑戦は続く。

サクセスブック社

1989年よりダイヤモンド社『成功する留学』シリーズの編集制作に携わり
1994年1月会社設立。以後書籍、雑誌、小冊子の編集制作に従事。
得意分野は、経営、流通、教育、スポーツ、歴史・文化。
TEL.03-6434-0992／FAX.03-6434-0993

富山を拠点に発信力の高いユニーク企業15社

2016年12月15日　第1刷発行

編者――サクセスブック社
発行所――ダイヤモンド社
〒150-8409　東京都渋谷区神宮前6-12-17
http://www.diamond.co.jp/
電話／03-5778-7235（編集）　03-5778-7240（販売）

装丁・本文デザイン―大泉講平
取材執筆――伊藤広実、大森香保子、津田浩司
製作進行――ダイヤモンド・グラフィック社
印刷――信毎書籍印刷（本文）・慶昌堂印刷（カバー）
製本――川島製本所
編集担当――浅沼紀夫

ISBN 978-4-478-10073-8